guide

导读
维利里奥

Paul Virilio

[英]伊恩·詹姆斯（Ian James）著

清宁 译

重庆大学出版社

献给尼克·汉隆（Nick Hanlon）

目　录

我们今天
为什么需要导读书？

这批来自"劳特利奇批判思想家"（Routledge Critical Thinkers）系列的小书，构成了"思想家和思想导读"丛书的基石。早在丛书策划之初，我们就在豆瓣那个"藏龙卧虎"之地结识了一群志同道合的朋友。我们之间的对话从一个提问开始——"我们今天为什么需要导读书？"

> 我们今天对西学的译介，依然有一些是盲目跟进式的译介，而缺乏系统、深入的相关性研究。[1]

面对有识之士发出的这句尖锐批评，我们试图借助这一发问所引发的一系列思考，探寻专业性导读对于中国学界，特别是初入门者，意味着什么。呈现在我们面前的这套译作，是加入这次"探寻之旅"的朋友们，用他们的精彩译笔所作的回应。然而，在文本之外，一些智慧之果还散落在他们的言说之中，需要显现。

---

[1] 王晓路.序论:词语背后的思想轨迹[M] // 王晓路,等.文化批评关键词研究.北京:北京大学出版社,2007:5.

豆瓣 id:フ

"地图书"（将导读书视为探索思想的地图）这个说法很不错，和弗雷德里克·詹姆逊（Fredric Jameson）的认知地图（cognitive mapping）有异曲同工之妙。

如果让我来定位入门书的意义的话，我会借用詹姆逊提出的另一个概念，即消逝的中介（vanishing mediator）。在一个辩证扬弃的过程中，一个"消逝的中介"发挥这样的作用：它施力于前一个状态从而引导出后一个状态，这个过程完成的同时它即消逝。

如果把入门书比作一个"消逝的中介"的话，它不怕当初的读者回过头来觉得它有种种缺陷和不足，因为这恰恰是它所想要达成的。如果一套入门书能发挥这样一个作用，我觉得它的编撰者就应该没有遗憾了。

豆瓣 id:剧旁
（李三达，湖南大学文学院副教授）

目前，很多中国学生读书进入了误区，就是认为读原典才是正道，解读的书一概不读，生怕这些人家咀嚼过的内容会影响他们对原典的认知。这真是再荒谬不过了，而我导师一再强调要规避这种误区，不要总摆出一副不世奇才的心态，别人苦心经营的研究成果只能是明灯，与原典相辅相成，待到你学力足够方知深浅和漏洞，彼时再别出心裁不迟。我深以为然。

豆瓣 id:坏卡超

二手文献或导读性文献确实很有必要。并且也应该重视英语世界的二手文献。尽管英语世界不是欧陆哲学的发源地，但英语作者一般都会比较注重用清晰易懂的语言来解释深邃的道理。

豆瓣 id：近视眼女郎

（路程，上海外国语大学文学研究院助理研究员，《导读阿多诺》译者）

我个人以为，无论从学术还是知识普及的角度来说，系统引进导读类的书都是多多益善的。当我想了解某位思想家，首先会做的，也是去寻找一些靠谱的导读书来看。

豆瓣 id：年方十八发如雪

国内许多入门级、导论级著作，往往都是引了过多的原文，而非对文本本身的解读。换言之，本来是要作者来解释文本，结果成了作者从原著中摘了几句话，让读者自行领会；或者直接就是由作者的一些论文拼凑出来。这样的后果自然是让初学者一头雾水，完全起不到导论的功能。

相比而言，Critical Thinkers 这套书的一个优点就是由作者带领读者读文本，其次就是每本书后面的文献相对来说都比较齐全，有助于进一步的研究，最后是该系列的很多思想家都是国内很少涉及的，比如阿甘本等，引进来也有开拓作用。总之，老少咸宜。

豆瓣 id：Igitur

（于长恺，爱好阅读法国当代哲学书籍）

毕竟从原著开始着手，需要忍受其本身的拗巴语言风格，西式的语法结构，不同的文化背景、语境。能够有可靠、系统的介绍文本为后续的阅读指引道路，可以节省许多绕弯路的时间，减少初学者的挫折感，增强学习兴趣。

豆瓣 id：H.弗

（卢毅，复旦大学哲学学院）

这些著作就成了维特根斯坦所说的"梯子"，特别是初学者在很大程度上需要借助它们来对某位思想家基本的思想观点先有个大致的把握和了解，这样，一方面，可以帮助人们铺平一些道路、消除一些畏难心理；另一方面，可以作为一个引子更好地激发起人们的学习兴趣而不只是无助感与挫败感。

豆瓣 id：Gawiel

（马景超，美国维拉诺瓦大学[Villanova University]哲学系博士在读，《导读波伏瓦》译者）

我以前在国内读书的时候，也经常感到这样的不便，尽管黑格尔、康德和海德格尔等寥寥几位有一些不错的入手读物，但是大部分人还是缺乏类似的读物来引荐。我也非常希望能够通过"地图书"来改变大家的读法，否则，对于很多学科和很多学者都只是停留在泛泛了解一点的程度上，很难进行有建设性的学术研究。比如，人人都知道福柯谈"权力"，然而什么是权力，则需要深入阅读福柯的几本作品，并且能够将不同作品里面的理念联系起来，才能有所了解，否则只是在用我们日常语言中的"权力"去套用福柯的牙慧。如果没有导读性质的作品，读者（尤其是本来就没有精读压力的人）就很容易停留在套用牙慧这个地方，而对于真正有意思的书望而却步。

还有像巴特勒（Butler）这样的作家，作品中有一些话看上去很有力（"性别是一种操演"），但是理解前后文就需要知识背景（"主体由操演建构"）了。那么，如果没有导读类的书，一般读者很容易就理解为：一个人可以自由决定自己扮演男性还是女性，而这恰恰是巴特勒(作为反人文主义[anti-humanism]传统的继承)最不可能持有的观点,她想说的恰恰是自我的形成过程中,性别作为一种操演已经参与了这一形成,因此没有性别之外、语言之外的"无性别"、"前性别"的主体。

这些都是我常见到的误解,我觉得也许导读类书的引介可以改变这种"好读书不求甚解"的现状,尤其是对于并非哲学专业,但是需要运用到哲学理论的人,导读类的书更可以起到介绍理论背景和避免断章取义的作用。

豆瓣 id:迷迭香

(李素军,中国社会科学院文学所博士研究生)

作为一个理论专业的学生,我深知直接读原著的个中艰辛。理论难读的原因之一是翻译,抛却误译等人为因素,西方思想转换到中文语境里所带来的语言的晦涩也是一个很大的问题;其二,每个思想家都有自己的理论语境,他在继承什么,反对什么都不是短时间内可以看明白的,换言之,我们得摸清楚他的理论轨迹。

豆瓣 id:霍拉旭的复仇

(汪海,中国人民大学文学院副教授)

从学生过来的我,也经历过一个阶段,听到很多老师强调直接阅读原典,生怕受二手资料的影响。但实际上,若没有一个导读的阶段做宏观把握,直接读原典的结果就是不知所云,看了就忘。

我个人从来不相信"白板说",以为学生在不读二手书之前是纯洁的、不受污染的、具有反思力的"白板"。没有大量的阅读,根本培养不出反思力,导读是必需的,最好是有多重不同看法和角度的导读。

极其要不得的是对原典的态度——面对"名著"没有一颗平常心：或者极其功利地想要推翻它，从而证明自己的高明；或者直接拜倒，因为它是"典"，是权威。好的读书方法就是培养好的民主政治素质，要学会听不同的意见，"名著"之所以是名著，不是因为它是"典"，是权威（虽然它有权威性），而在于它是一个伟大的空间，容得下太多的探讨、太多的声音，不断激发更多的思考、更多的创造，所以才有那么多人前赴后继地走进来。

不妨把导读看作一个邀请、一个好客的举动，带我们进入原著的空间，而不是助教，不是训导，不是"原著"这个白胡子老头打算教训弟子之前的开场白或者清清嗓子。

导读也是前人外出探险之后留下来的攻略，不可能事事准确、面面俱到，它邀请你历险，最后写出自己的攻略。

前面说过，我不相信"白板"——没有单纯的读者。没有导读的读者，他会用从前未经反思的有限阅读经验当导读。如果他自以为此前完全没有受过二手思想的影响，他反而缺乏对自我的反省和批判。

译者序

　　保罗·维利里奥（Paul Virilio）是当代法国独树一帜的重要思想家。要确定维利里奥的身份，恐怕要颇费周折。如果我们用一些简单的标签贴上去，肯定就会误解他的观点与立场。用时下流行的话讲，法国思想家们大都是"斜杠青年"，维利里奥概莫能外。可以说，既定而又单一的标签会简化一位思想家思想的复杂性。那么，维利里奥的标签该如何贴呢？不妨举一例，从他本人的口述中来看看。

　　许多研究者一上来就爱把维利里奥称呼为哲学家，这样的定位看似省事，但掩盖了细节，比如维利里奥在与西尔维赫·洛特兰热（Sylvère Lotringer）对谈时，就当今的艺术只展示它自身而爆过粗口："我不是哲学家，我他妈的才不管什么哲学家呢。我是一个散文家，我在自己的地盘上工作。" [1] 接着下一句，维利里奥还提到了他为什么给他们二人的这次对话起名为"无情的艺术"（A Pitiless Art），以表明他所要批判的正是那些缺乏怜悯（pity）的人类思想创

1　Sylvère Lotringer / Paul Virilio, *The Accident of Art*, trans. Mike Taormina, London：Semiotext(e), 2005, p.28.

造活动及实践活动,我会在下面谈到维利里奥的核心概念"presen-tation"的翻译时加以引用。在另外一次谈话中,维利里奥说:"以马塞尔·杜尚为例:对于我而言,他恰巧是一位绘画的哲学家。莎士比亚是一位写戏剧的哲学家。康德是一位撰写哲学论文的哲学家。"[1]他还有这样的言辞:"对我来说,莎士比亚真是一位伟大的哲学家,也许在康德和其他人之上。"[2]可见,维利里奥不愿意把自己定位为哲学家或者传统的哲学家是有具体原因的。我们称呼他为哲学家,就要特别注意他既不是一位建造严密思想体系的哲学家,也不是一位撰写哲学论文的学院派哲学教授;他的写作是片断式的或者说其写作风格是本书作者伊恩·詹姆斯强调的电报风格,这种风格富有"一种突兀感"[3],由此带来的是"一种加快了的文本传达速度或文本通过速度"[4],也就是说,连维利里奥的文风都与下面要提到的维利里奥思想的核心关键词"速度"(la vitesse;speed)有关。从这样一种独特的文风角度来看,他把自己定位为在自己的地盘上工作的散文家,这与他的身份更相符,而这个地盘就是在运用现代运输与通信手段时普遍发生在当代社会各个领域中的速度问题。同样,维利里奥的政治立场、宗教立场以及理论立场也是需要详细分析的,本书已经进行了细致的解剖和纠正。

维利里奥关于社会加速的描述与理论思考为当代许多哲学家、社会学家以及其他领域的菁英提供了资源。他所关切的问题,正如伊恩·詹姆斯所提到的,乃是技术现代性(technological moder-nity)的问题,并且,在这样的问题之下,他所追问的是技术现代性

---

1 *Virilio Live*: *Selected Interviews*, ed. John Armitage, London: Sage, 2001, p.25.

2 Ibid., p.17.

3 Ian James, *Paul Virilio*, London: Routledge, 2007, p.41.

4 Ibid., p.41.

之本性到底是什么。那么,维利里奥给出的答案是什么呢? 不断增加的传递速度。他这样总结道:"我的工作是在各处道出分析作为一种至关重要的政治现象的加速是极为重要的。"[1] 维利里奥用以描述或道出上述现象的理论思考方法被他总结为"竞速学"(dromology),或者说他从事的是对他所说的"速度的政治经济统制"(the political economy of speed)的研究。

　　维利里奥把速度问题与人的身体知觉问题联系起来,从而充分利用了现象学与格式塔心理学的理论资源,为维利里奥就他所认为的重大哲学现象提出他的一系列特有的术语提供了基础,这其中涉及一对关键术语的翻译,即"la représentation/ representation"与"la présentation/ presentation"这两个术语。前者在德国古典哲学、现象学、文学艺术、文化研究、科学哲学、政治学、语言学等语境中通常被翻译为"表象"、"观念"、"代现"、"再现"、"表征"、"表示"、"代表"、"表述"等;后者在构词方面还与另外一个当代哲学语境中经常出现的词"presence"紧密相关。"presence"通常被翻译为"在场",而与之相对的"absence"则通常被翻译为"缺席",二者是传统形而上学和现象学研究中常见的术语。维利里奥的对话者洛特兰热在总结维利里奥这方面的观点时,曾明确表示维利里奥的主张与德里达所确认的自柏拉图以来至今仍连绵不绝的"在场形而上学"(métaphysique de la présence; metaphysics of presence)的论证不一样:"这个主张恰恰与他的论证相违背,认为有一种东西,与实时伪像(real-time simulacra)相对,是'真实展相(real presence)'。"[2] 笔者把"simulacra"翻译为"伪像"(具体原因将在下文补

1　*Virilio Live*: *Selected Interviews*, ed. John Armitage, London: Sage, 2001, pp.26-27.

2　Sylvère Lotringer / Paul Virilio, *The Accident of Art*, trans. Mike Taormina, London: Semiotext(e), 2005, p.27.

充），把"presence"翻译为"展相"而非"在场"。所谓"在场"，在现象学中，一般并非指的是事物"自然而然"或"与人无涉"地在那里，而指的是事物经由超越论还原（transzendentale Reduktion）而被人的意识或知觉本构为（konstituiertals；constitued as）对象而持续逗留的那样一种状态，这一内在意识活动之中所提供给我们的内容就是意义（sinn）。而按照现象学的看法，"在场"简单说来就是被现象学家们拓展得越来越宽泛的意向行为或意向行动（intentional acts）的一个结果，在意向行动中得到的并非某个单个物体，而是作为所谓的实事本身或事情本身（Sachen selbst）的事物。这样说来，说某事物在场时它反倒是不在的，因为即便它实实在在地在我们面前，也只能是暂时作为相对于意识而立的那个对象而在。"在场"这个术语牵涉太多哲学史上的争议，笔者在没有修改这里的文字前，曾试图简单从"ousia"那里溯源一下"在场"，但是发现每论述一步，都牵涉这个术语与其他术语的关联，并且其他术语在汉译后以及它们在数种语言和哲学系统的语境的流变中也充满着争议，这不是在这里可以完成的任务。笔者之所以翻译为"展相"，首先是为了避免翻译成"在场"后所带来的理解上的混乱，其次是因为维利里奥并不喜欢哲学家们谈论的"玄而又玄"的"在场"[1]，维利里奥的相关问题都是基于不断增加的传递速度的背景之上或者说基于后文中将提及的"失神"和"消相感性认识"的背景之上的，而所谓"展相"可以说就是事物通过身体知觉而被本构成对象的这一过程本身的强度，如果是在高速度条件下，甚至可以说在这个瞬间过程中都还没来得及发生任何意义上的直观。要充分理解"展相"，还请联系下文中对"显相"一词的译法辨析。对于维利里奥来

1　Sylvère Lotringer / Paul Virilio, *The Accident of Art*, trans. Mike Taormina, London：Semiotext(e), 2005, pp.27-28.

说,把握"展相"的方式就在于去知觉到(to perceive),当然,维利里奥讲的知觉比较复杂,我们要注意应该将其放在晚期胡塞尔思想与梅洛-庞蒂的知觉现象学以及完形心理学中去考察和理解,特别是要对梅洛-庞蒂特殊的身体观有所了解。简单地说,梅洛-庞蒂所理解的身体并不是什么客观的物质性的身体,而是活生生的与世界紧密关联着的身体-主体(corps-sujet;body-subject),知觉就蕴含在这种身体与世界的关联中,到后来,这种身体与世界双双化为可逆而又含混的"世界之肉"(chair du monde;flesh of the world)。梅洛-庞蒂认为:"知觉不是一种关于世界的科学,甚至也不是一种行动,一种立场上的深思熟虑(une prise de position délibérée),它是所有行动得以突出的背景(le fond)且一切行动以其为先决条件。世界不是一个我掌握其本构化规律(la loi de constitution)的客体,它是我所有思想和我所有外显知觉(perceptions explicites)的自然处境(le milieu naturel)及场域。"[1] 由此可见,严格地说,在梅洛-庞蒂所说的知觉中本构出来的并非是一种胡塞尔早期静态现象学分析中的固定的对象,而是姑且称其为对象的某种模糊不定的东西。话接前面,这样看来,如果说德里达是从自己生造的那个词也就是姑且命名为"différance"(通常汉译为"延异")的东西的角度来解构哲学史上以往哲学家们为了追溯本原或开端(arche;beginning)而不自觉地动用的"语音中心主义"(le phonocentrisme)和"逻各斯中心主义"(le logocentrisme)的话,那么显然,维利里奥的论证与德里达的是不一样的。德里达关心的是,字母文字如何通过语言符号世界内部使各个语言符号相互区分的无限形式差异及其踪迹(la trace;trace)而首先总是作为一种书写出来的迹线(gramme;gram)或者说延异

1　Maurice Merleau-Ponty, *Phénoménologie de la perception*, Pairs: Gallimard, 1945, Avant-propos, p.V.

而撒播，从而造成意义的延宕，进而导致"在场"的失败。维利里奥关心的是，由普遍增加的传递速度所带来的事物的实时伪像对事物的真实展相的全面接管，实时伪像难以持续而稍纵即逝，意义因而在似有若无间徘徊，"展相"于是趋于失败。因此，笔者没有将与"presence"相对的"absence"翻译为"缺席"，而是翻译为"缺相"。可以说，"展相"、"缺相"与下面将提到的"显相"、"消相"是一系列可以相互转化的过渡性术语。前面提到的那对关键术语中的"representation"在本书中也多次出现，笔者查阅多方资料，经过反复斟酌，一律将其翻译为"再现"。当维利里奥谈到当代艺术中的"representation"正在终结和"presentation"日渐势强时，他强调的是当代艺术匆匆忙忙展示自己，没有经过一番精心准备，并且缺乏怜悯或同情，仅仅是"为了艺术而艺术"。甚至，维利里奥还提到了关于"representation"和"presentation"的双重"圣像破坏"（iconoclasm）的出现，即不只是"representation"终结的问题，在现代媒体条件下产生的那样一种远程的"presentation"也是对原本真实的"presentation"的终结。维利里奥对洛特兰热说："我说的那个远程展相（tele-presence）是一种展现（presentation）。所以，现在你明白了。我给这本书的第一次谈话起名为'无情的艺术'，……"[1] 基于上述条件，笔者将"presentation"权且翻译为"展现"，而根据语境将其相应的动词或形容词"present"翻译为"展示"或"当下"等。维利里奥所提到的当代世界中普遍发生的与"远程"和"速度"相关的"展相"、"缺相"、"展现"等可以说都是与传统相对稳定的空间和时间的意义上的"再现"针锋相对的，维利里奥认为"这是距离的污

1　Maurice Merleau-Ponty, *Phénoménologie de la perception*, Pairs: Gallimard, 1945, Avant-propos, p.28.

染,这是时间距离的污染,而不简单是空间距离的污染"[1]。这里的"时间距离",可以说,正是人的身体将事物知觉为对象的时间过程,失去了这种距离,或者说这种距离被污染了,也就等于说知觉被钳闭了或知觉处于"半钳闭"状态,或许可以这样说,维利里奥所触及的是,在一种不断的视觉加速的状态中意向−充实(Intention-Erfüllung; intention-fulfilment)的可能性,但他又无意对此进行纯理论性的现象学描述,而是将这个问题直接带入以速度问题为核心的技术现代性这样的技术哲学甚至社会哲学的问题视域中。

　　维利里奥特别关心以电影为代表的当代各种技术所带来的展现与展相的问题及其对人的身体知觉造成的结果。甚至,借此出发,他对历史的生存也产生了质疑,在评论人类学家马克·奥热(Marc Augé)及其人类学成果时,维利里奥这样讲道:"因此,通过使历史变得扭曲的一种巨型复本(une mégaloscopie)之危害,从事实之'客观'再现(la représentation « objective » des faits),我们突然转向了一种全球总体事故世界之'远程客观'展现(la présentation « télé-objective » d'un monde globalement accidenté)。"[2] 当代技术使知觉之时间性(temporality of perception)产生了变形,所以以建基其上的历史性(historicity)也随之扭曲,"不再是历史加速(l'accélération historique),而是反映'当下'瞬间的那个现实(la réalité de l'instant « présent »)"[3]。由此,维利里奥发展出了一种"消相感性学"(esthétique de la disparition; aesthetics of disappearance)。维利里奥在同名著作中就谈到了电影出现所加剧的越来越普遍的"失

1　Ibid., p.26.
2　Paul Virilio, « Une anthropologie du pressentiment », dans L'Homme, n°185-186, Paris: Éditions de l'EHESS, 2008, p.101.
3　Ibid., p.101.

神癫"（picnolepsie）[1]，对于失神患者来说，"失神的空档并不曾存在；每次发作都仅有一小段连他都感受不到的时间逃逸无踪。"[2]笔者在译文中没有将"aesthetics of disappearance"翻译为"消失的美学"或"消失审美学"，而是还原了"aesthetics"一词最初的原意，为的是突出维利里奥关心的知觉问题，而相应的"aesthetic of disappearance"则翻译为"消相感性认识"，至于"disappearance"被部分翻译为"消相"，则与"展相"、"缺相"同样，是基于本书中的现象学术语"appearance"的译法"显相"，这个译法取自旅美翻译家李幼蒸先生，其相应的动词形式"appear"则采用了"显现"的译法。需要注意的是，英文"appearance"一词在现象学中对应的是德文"Erscheinung"，这两个词均是动词的名词化形式，无论是英文后缀"-ance"，还是德文后缀"-ung"，都可以表示行为/行动（action）。按照胡塞尔的看法，作为"显现"（erscheinen；appear）的行为/行动本身的"显相"本用来意指被直观的对象，或者说正在显现的那个对象，但作为"显现"的行为/行动本身的"显相"也可以指具体的直观体验。那么到底何为"显现"呢？首先，它在胡塞尔现象学中确切指的是经过超越论还原所得到的纯粹意识的自行显现。其次，我们还是应该回到其德文原词上来，从"er-schein-en"的构词上看，其中包含的名词"Schein"的基本意思是"光、光泽、假象"，而它变成动词"scheinen"后的基本意思是"闪耀"（to shine），将动词"scheinen"加上前缀"er-"在这里就表示经过"闪耀"后而取得了某种结果，即"显现"（erscheinen）。"显相"正是这个意义上的"显现"

1　保罗·维希留，《消失的美学》，杨凯麟译，台北：扬智文化事业股份有限公司，2007，第 61 页。
2　同上，第 61 页。

的行为/行动本身,或者说具体的直观体验本身。另外三个相关词的译名"展相"、"缺相"、"消相"也应从这个角度来把握。而正在显现的那个对象,或者说我们的意识正在本构的那个东西,即"das Erscheinende"(所显),它通常被翻译为"显现者",也被翻译为"显现之物"。显相(Erscheinung)与所显(das Erscheinende)是不可分割的、同时的,在显相中必有某个东西显现,显现出来的那个东西也必然依托于显相才能显现,而这互为关联的双重之显正是胡塞尔意义上的"现象"(Phänomen)的含义。现象自身给予自身,这后来在让-吕克·马里翁的现象学研究中通过进一步的还原而得以归结到那形式方面的无法再还原的"被给予"/"所与"(die Gegebenheit;la donation;givenness)上面去。马里翁认为"所与"是一种自明地先于任何存在的东西,是绝对的,无论是"Erscheinung",还是"das Erscheinende",都不比意识的自行本构活动中的"所与"更原初。而如此一来,"被给予性对在场的扩展在于,它使在场摆脱了各种官能的限制"[1],"唯有这样一种解放性的扩展才会声称克服了那种实际上不停地既对在场进行缩减又对被给予性进行压制的'在场的形而上学'。"[2]话接前述,那么"消相感性认识"又是怎样的呢?伊恩·詹姆斯在本书第3章专论"虚拟化"(virtualization)的论述中用一句话点明了维利里奥所讲的这样一种人们处于"失神"状态中的感性认识经验之不同寻常:"对于维利里奥来说,一种消相感性认识是完全不同的,因为各种可见影像是在被再现出来的物体的物质缺相中本构的,而最重要的是,恰恰因

---

[1]　让-吕克·马里翁,《还原与给予:胡塞尔、海德格尔与现象学研究》,方向红译,上海:上海译文出版社,2009,第59页。这里的被给予性,即被给予,无论德语词缀"-heit",还是法语词缀"-tion",或者是英语词缀"-ness",都表示的是一种前面词根所表达的意思的抽象的状况、状态。下同。

[2]　同上,第59-60页。

为它们显相的那种稍纵即逝本性差异地结构了知觉的时间性。"[1]
与德里达通过运用书写学（Grammatologie）拆毁"在场形而上学"、
马里翁通过深化现象学克服"在场形而上学"相比，维利里奥的探
索，"无心插柳柳成荫"，在某种程度上也瓦解了"在场形而上学"。

　　本书还涉及"simulacra"这样一个关键词，这是一个复数名词，
其单数形式为"simulacrum"，与之对应的法语的复数与单数词是
"simulacres"与"simulacre"，它们在国内鲍德里亚研究中基本被定译
为"拟像"，而与之相关的另一个词"simulation"（英法同形）则被翻
译为"拟真"。让·鲍德里亚采用"拟像"这个词的基本立场是用它
来与"现实"（reality）相对，所谓"拟像"，乃是在当代消费社会中泛
滥成灾的那种作为符号具或能指的符号所形成的现实，这种不包
含任何现实参照的现实看起来比真实还要真实，是这类符号交相
参照的结果，鲍德里亚也称之为超级现实/极度现实（1'
hyperréalité）。法籍华裔哲学家高宣扬先生凝练地总结出："鲍德里
亚集中地分析了当代社会中各种毫无意义却又试图冒充各种意义
的人造符号体系。鲍德里亚把这种脱离了意义参照指针的人造符
号体系称为'拟像'，并把这些拟像及其运作看作当代社会的基本
特征。"[2]而泛滥了的"拟像"的运作机制正是"拟真"。但是，在维
利里奥的理论语境中，这个词并不是表达这样的意思，如果我们将
其翻译为"拟像"，就会与鲍德里亚的理论语境相混淆。维利里奥
如何看待现实呢？他明确说："我的立场与鲍德里亚的差异甚大，
因为我看到的不是拟真，而是顶替（substitution）。"[3]在这里，"sub-
stitution"是一个比较重要的关键词，笔者将其翻译为"顶替"。维

1　Ian James, *Paul Virilio*, London：Routledge, 2007, p.50.

2　高宣扬，《当代法国思想五十年》，北京：中国人民大学出版社，2005，第460页。

3　*Virilio Live*：*Selected Interviews*, ed. John Armitage, London：Sage, 2001, p.115.

利里奥这样解释说："我不相信拟真。对我而言，发生的是顶替。研讨会已经就这一主题达成一致。原因在于，我认为从新石器时代到今日，自时间之开端起，就逐渐展露出不同类别的现实。这意味着现实从未被指定，不过只是一种文化的具体结果（the outcome of a culture）。"[1] 接着，维利里奥总结道："因此，拟真纯粹是一个中间相位（is a mere intermediary phase），缺乏意义。重要的是顶替；一个Ⅰ级现实如何被一个'Ⅱ级现实'所顶替，等等，直到'第 n 个'现实。"[2] 综上所述，前述引文中的"simulacra"不能被翻译为"拟像"，因为维利里奥与鲍德里亚的出发点不同，可以说，维利里奥所探讨的是事物的"展相"及其固定性现今的普遍丧失，运输工具也好，作为底片投影技术或当代电信技术的结果的电影也罢，我们在它们的高速运转中，看到的无非都是在眼前一闪而过的"simulacra"，它们不过是事物接二连三的顶替者，也就是"伪像"（simulacra），可见维利里奥使用"simulacra"强调的是其在视网膜上投射结果的转瞬即逝性，并非前面提到的鲍德里亚所使用的"simulacra"的意思。说到底，维利里奥的这种判断仍然是基于他视当代社会为一个普遍加速的社会才作出的。

其实，在本书中大量出现的"reality"的意思不但在不同哲学家或理论家那里、哲学家与物理学家之间、传统物理学与现代物理学之间有微妙的差异，甚至与日常的意思相反，而且在其被翻译为汉语后，也极容易与日常语言交流中的该词的意思混在一起分不清楚，造成理解上的歧义。从理论翻译习惯来看，许多译者将形容词"real"译为"真实（的）"，而把名词"reality"译为"现实（性）"，在翻译本书时，笔者也曾想统一译名，但是最后仍然选择从善如流，将

1　*Virilio Live：Selected Interviews*，ed. John Armitage，London：Sage，2001，pp.34-35.
2　Ibid.，p.35.

偏正词组中的大部分"real"都翻译为"真实(的)"。部分非哲学用语的"reality"则基本被翻译为"现实情况",而作为抽象概念的"the real"依然被翻译为"现实"。

维利里奥关于技术现代性的批判总被人误解为悲观消极,从他的行文腔调来看,似乎他是一名反技术主义者。但其实正好相反,这一点,本书作者詹姆斯已经反复强调并解释过了。维利里奥自己就说:"我并不对技术本身(technology *per se*)感到烦恼,而是对它背后的逻辑感到焦虑。"[1]许多人把维利里奥归结到后现代主义的阵营中也是不对的,当然这种看法可能与他的文体风格有关。维利里奥认为技术现代性仍然是在现代性内部,只有在技术发明所导致的事故之总和造成了一个不可挽回的整合性的生态事故(integral ecological accident)时,现代主义才会终结。[2]

更多维利里奥思想的精粹,还请读者朋友们进一步翻阅本书。本书作者伊恩·詹姆斯先生现任英国剑桥大学(University of Cambridge)现代和中古语言学部(Faculty of Modern and Medieval Languages)法语系主任(Head of Department of French)与现代法国文学与思想准教授(Reader in Modern French Literature and Thought),他专注于当代法国思想的研究,在写作本书时,曾任法语系讲师与唐宁学院研究员(Fellow of Downing College),他对维利里奥的思想进行了高度概括的论述,将维利里奥的原文与自己的论述紧密结合在一起。本书涉及大量的现象学思想与基本术语,作者表述高度"哲学化",从句中嵌套从句,句子复杂,用词精微而信手拈来,需要耐心阅读,方有收获。维利里奥行文术语庞杂,他作品的中译本较少,本书作者所引用的维利里奥原文英译后的句子均由笔者

1　*Virilio Live: Selected Interviews*, ed. John Armitage, London: Sage, 2001, p.25.

2　Ibid., p.16.

译出；为了配合上文中提到的维利里奥写作的电报风格，我在翻译时，刻意并尽量将部分句子的句式与原文的断句保持一致。本书的其他引文也由笔者译出。

　　最后说说本书中有一些词汇的翻译，有些是词汇本身所在的语境决定了它在汉语哲学界中应有的相对固定译法，有些则是为了区分书中出现的常见近义词汇而我本人持有不同的译法。对于前者，比如"understanding"，我在几处语境中将其翻译为"悟性"而不是"理解"；"intelligence"也被翻译为"悟性"，与之相关的"intelligible"则被翻译为"可悟性化的"；"apprehension"及其动词采用"统握"而不是"立义"的译法；"existence"及其动词采用"生存"的译法。对于后者，比如"significance"，常被翻译为"意义"或"意指"，而我翻译为"意涵"，这也是为了与名词"sense"和动词"signify"相区别；"mean/meaning"在胡塞尔现象学中对应着的德文原词为"Meinen/Meinung"，通常被翻译为"意指"，指的是意识的指向，德文原词有"冲着"的意思，其对应的法语词采用的是"viser/la visée"，也就是"瞄向"之意，为了区别于行文中出现的其他同义词或近义词，我将文中涉及现象学理论描述时的"mean/meaning"翻译为"冲向/正在冲向"，将作为形容词的"meaning"处理为"冲向着的"；书中部分"sense"只被翻译为"感"，以便与"sensation"（译为"感觉"）相区分；"technique"被翻译为"手法"，"technic"同"technology"都被翻译为"技术"，在译文中会对涉及"technic"的系列词给出原文标示（同词或短语在近处上下文出现时会省略原文标示），而基本没有给出原文标示的，其所讲的都与"technology"（技逻辑［techno-logy］）有关；"constitution"的德文对应词是"Konstitution"，它在汉译胡塞尔现象学中被译为"构造"或"构成"，我将其译为"本构化"，其同系列的动词和形容词被我译为汉语时也带"本构"字样;"horizon"在文本中的多数地方被翻译为"视限";为了把汉语中常常都翻译成"实体"的"substance"与"entity"区分开,我把"entity"翻译为"独立生存体",而把作哲学用语时的"substance"处理为"托体";原文中的"communications"基本被翻译为"通信",而原文中的"communication"则基本被翻译成"传播"(在不同文本中,这个词的汉语译法还有"沟通"、"交往"、"交流"等),在一些偏正词组和并列词组中它也被翻译为"通信",其动词形式"communicate"则被翻译为"沟通";文中常见的"method"、"manner"与"means"分别被翻译为"方法"、"方式"与"手段",而另外一个高频词"way"则根据语境基本被灵活翻译为"方式","approach"与"path"分别被处理为"取向"与"路径";"sphere"基本被翻译为"活动范围",以区别另外几个词:"realm"(被翻译为"领域")、"field"(基本被翻译为"场域")、"area"(基本被翻译为"区域");笔者还对这几个词作了区别翻译:"idea"在译文中被处理为"观念想法"或"理念","notion"被处理为"念头","concept"则被翻译为"概念","conception"则以"构想"译之。本书还出现了好几层意义上的"国家",比如作为国家机器和国体意义上的国家(state)、作为由国民构成的共同体意义上的国家(nation)、作为地域性的领土意义上的国家(country),笔者原想在译法上作出区分,但后考虑到译文的通顺,均将其译为"国家",并在译文语境容易引起歧义的有关处给出原文标示;由于大部分的有关内容是在论述上述的"state",并且谈论的还是"the state"("state"作形容词),也就是作为抽象概念的"state",所以我们在阅读时应该特别留意其中的差别。另外,有必要说明的是,一些词虽然采用了普遍译法,但我们应该注意其意思的微妙不同,如书中的"form",在被翻译为"形状"时,指的是格式塔心理学意义上的那个"形";又如

"movement"，多数情况被翻译为"移动"，在涉及军事方面时被翻译为"调遣"，但二者也都是在格式塔心理学意义上的那个"动"；"experience"作为名词和动词时基本被翻译为"经验"和"经验到"，但它基本是现象学与格式塔心理学意义上的"经验"；"space"虽然都被翻译为"空间"，却也互有不同，有一部分"space"指的是作为虚拟场域的空间，或者说是作为空间性（spatiality）的空间。尤其值得一提的是，定冠词"the"后接单独一个形容词时，一般被译为"……之物"、"……物"、"……者"或"……性"等，但在西文翻译中，"……性"已经被应用得过于广泛，而这里添加的"物"与"者"均为虚指用词，为了与文中一些情况下的实指译法的所指意义区分开，就不再作添加，如"the political"仍被译作"政治"，并给出原文标示；原文有很多地方都是在对这种作为抽象概念的东西予以探讨，还请读者仔细辨别。

本书译稿已拖延经年，几经修改，中间的周折与生活的曲折不足外道，为此要特别感谢编辑贾曼女士、邹荣先生的体谅以及出版方的谅解，由衷感谢为此译作的编校出版多次付出大量辛劳的各位业内人士。译文中出现的翻译错误自然由笔者承担，还请方家指正和批评。

翻译本书期间，让我充分体会到了生命的超越性，德国社会学家与生命哲学家格奥尔格·西美尔（Georg Simmel，1858—1918）在《生命直观：形而上学四论》（*Lebensanschauung. Vier metaphysische Kapitel*）中说：

　　我们的想象和最初的认识正是从无穷无尽的真实事物，从理解这些事物无穷无尽的可能性中去除了一些领域之后获得的，所以才能使当时以此为界的范围足以作为我们实际行为方式的基础。只是对于这些界限的此种陈述就已表明：我们能够用某种方式超越这些界限，并且已经超越。概念和推测、构思和估计使我们超越自己那个可以说是充满感性现实的世界，因而能给我们指明那个受到限制的世界，让我们从外部看到它的界限。我们具体而直接的生命确定一个介于上、下界限之间的领域；可是意识——有关此事的解释——却取决于如下事实：逐渐变得抽象的、不断扩展着的生命在超越或者飞越这条界限，并由此发现它就是界限。此外，生命还抓住它不放，既站在它的这一边——在同一行动中又站在它的那一边，同时从内部和外部来观察它。两者同样属于它的发现。正如界限本身分别参与它的此岸与彼岸一样，生命的统一行动包括界限的局限性和超越性，而对于恰恰被视为统一的这种状况似乎意味着一种合乎逻辑的矛盾一事却毫不介意。[1]

在试译、纠错、修正、润色、记录关键疑问以及离开眼睛所注视的文本后脑中回荡的反复斟酌和查阅其他参考资料过程的来回交错的迂回中，我无非是在西美尔所说的这种矛盾中前行，生命具有这样的特性。

清 宁

2018 年 8 月 18 日于哈尔滨

---

[1] 格奥尔格·西美尔，《生命直观》，刁承俊译，北京：北京师范大学出版社，2017，第 4-5 页。

丛书编者前言

本丛书提供对影响文学研究和人文学科的主要批判思想家的介绍。当在研究中遇到一个新的名字或概念时,本丛书中的某本可以成为你阅读的首选著作。

丛书收录的每一本著作都将通过解释一位重要思想家的核心观念,把这些观念置入语境并且——也许,最重要的是——向你展示为什么这位思想家被认为是重要的,来帮助你进入她或他的原始文本。这是一套不需要专门知识的简明、清晰的导读系列。尽管聚焦于特定的人物,本丛书也强调,没有一位批判思想家是在真空中存在的。相反,这样的思想家是从更广泛的智识的、文化的和社会的历史中出现的。最后,这些著作将在你和思想家之间搭建一座桥梁:不是取代原文,而是补充她或他的作品。

编写和出版这些著作是非常必要的。在 1997 年出版的自传《无题》(*Not Entitled*)中,文学批评家弗兰克·克默德(Frank Kermode)描写了发生在 1960 年代的这样一段时间:

1　本前言由王立秋(豆瓣 id:Levis)翻译。——编者注

　　在美丽的夏日草地上,年轻人整夜地躺在一起,从白天的劳顿中恢复过来,聆听着巴厘音乐家的巡回演出。在毛毯和睡袋下,他们懒洋洋地谈论着当时的大师们……他们重复的大多是传闻;因此我在午休时,非常即兴地提议,做一套简短、廉价的丛书,提供对这些人物的权威而易懂的导读。

　　对"权威而易懂的导读"的需要依然存在。但本丛书反映的却是一个不同于 1960 年代的世界。随着新的研究的发展,新的思想家出现了,而其他思想家的声誉则盛衰不一。新的方法论和挑战性的观念在艺术和人文学科中传播开来。文学研究不再——倘若它从前如此的话——仅仅是对诗歌、小说和戏剧的研究与评价。它也是对在一切文学文本和对这些文本的阐释中出现的观念、问题和疑难的研究。别的艺术和人文学科也发生了类似的变化。

　　新的问题也随之出现。在人文学科的这些剧变背后的观念和问题,经常被不以更广泛的语境为参照地呈现出来,或被呈现为你可以简单地"加"在你阅读的文本上的理论。当然,有选择地挑出某些观念,或使用手头现成的东西并没有什么错,而且确实有一些思想家认为事实上我们能做的就是这些。然而,有时人们会忘记,每一个新观念都是出自某个人的思想的底样及其发展,而研究他们的观念的范围和语境是重要的。与"浮于空中的"理论相反,本丛书贯之始终的是把这些重要思想家和他们的观念放回它们原本的语境中去。

　　不仅如此,本丛书收录的著作还反映了回归思想家自己的文本和观念的需要。一切对某个观念的阐释,甚至是看起来最为单纯的阐释,也会或隐或现地给出它自己的"有倾向性的陈述

（spin）"。只阅读论述某位思想家的著作，而不读该位思想家的文本，就是不给你自己作决定的机会。有时，使一位重要人物的作品难以让人进入的，与其说是它的风格或内容，不如说是（读者）不知道从哪里开始的那种感觉。本丛书的目的，就是通过为这些思想家的观念和著作提供一个容易理解的概述，通过引导你从每位思想家自己的文本开始进行进一步的阅读，来给你一个"入口"。用哲学家路德维希·维特根斯坦（1889—1951）的比喻来说，这些书是梯子，是在你爬到下一层楼后要扔掉的东西。因此，它们不仅帮助你进入新的观念，也会通过把你领回理论家自己的文本，并鼓励你发展你自己的有依据的意见，来给你力量。

最后，这些书之所以是必要的，是因为，就像智识的需要已经发生变化那样，全世界的教育系统——通常导读就是在这个语境中被阅读的——也发生了根本的变化。适合 1960 年代的精英型高等教育系统的东西，不再适合 21 世纪更大、更广、更多样的高科技教育系统了。这些变化不仅要求新的、与时俱进的导读，也要求新的介绍方法。本丛书的介绍方式，就是着眼于今天的学生而发展出来的。

丛书收录的每本书都有类似的结构。它们一开始的部分，都提供对每位思想家的生平和观念的概述，并解释为什么她或他重要。每本书的核心部分，都讨论了该思想家的核心观念，这些观念的语境、演化和接受（情况）。每本书也都以对该思想家之影响的审视——概述他们的观念如何被其他思想家接纳和阐发——作结。此外，每本书的书末，都附有一个建议和描述进阶阅读书目的部分。这不是一个"附加的"内容，而是全书不可或缺的组成。在这个部分的第一部分，你会发现对书中所涉及思想家的核心著作的简述；此后，是关于最有用的批评著作的信息，有时候也有一些相关网站。这个部分将引导你的阅读,使你能够跟随你的兴趣并发展出你自己的计划。丛书中的注释是按所谓的哈佛系统(在文本中给出作者的姓名和参引著作的出版日期,你可以在书后的参考文献中查到完整的信息)给出的。这种注释方式在极小的空间中提供了大量的信息。丛书也会对技术性术语加以解释,并用方框插入对一些事件或观念的更加细节性的描述。有时,方框也用于强调一些该思想家惯用或新创的术语的定义。这样,方框在某种程度上也起到了术语表的作用,在快速浏览全书时很容易找到它们。

　　丛书收入的思想家是"批判的",出于三个原因。首先,我们按照涉及批评的主题来考察他们:主要是文学研究或者说英语和文化研究,但也涉及其他依靠对书本、观念、理论和未受质疑的假设进行批判的学科。其次,他们是"批判的",因为研究他们的作品将为你提供一个"工具箱",这个"工具箱"将服务于你自己的有理据的批判的阅读和思考,而这一阅读和思考,将使你成为"批判的"。再次,这些思想家之所以是批判的,因为他们至关重要:他们与观念和问题打交道,这些东西能够颠覆我们对世界、对文本、对那些想当然地接受的一切的常规理解,给我们对我们已经知道的东西一种更加深刻的理解,给我们新的观念。

　　没有导读能告诉你一切。然而,通过提供一条进入批判思考的道路,本丛书希望让你开始参与这样一种生产性的、建设性的、可能改变你一生的活动。

致 谢

我想衷心感谢所有那些曾帮助本作品出版的人,尤其是在劳特利奇出版社工作的艾琳·斯道瑞(Aileen Storry)。我还要特别感谢罗伯特·伊格尔斯通(Robert Eaglestone),他从一开始就支持该研究计划,仔细阅读了手稿并大加赞赏。我要感谢那些以不同方式帮助与支持过我研究工作的人:马丁·克罗利(Martin Crowley)、艾莉森·芬奇(Alison Finch)、莱斯利·希尔(Leslie Hill)、阿尔卡狄·普朗内斯基(Arkady Plotnitsky)以及爱玛·威尔逊(Emma Wilson)。我也非常感谢剑桥唐宁学院为本项研究提供假期,让我能够完成本书。我要感谢露丝·岱耶门德(Ruth Deyermond)向本作品撰写提供的所有私人资助和全部紧要见识。最后,我想把本书献给尼克·汉隆(Nick Hanlon),他的智识投入与温暖友谊,让我非常怀念。

伊恩·詹姆斯

为什么是维利里奥？

保罗·维利里奥是 20 世纪后半叶应运而生的最耐人寻味的原创思想家之一。他的研究工作从基础上关注知觉（perception）和具身（embodiment）问题，而且还涉及社会政治发展（social and political development）问题。他以一种持久的方式介入一系列广泛的议题：战争和军事战略问题、电影史、现代媒体和电信的本性以及当代文化艺术生产（contemporary cultural and artistic production）的状态。他骇人的思想广度，使得他成为各大学科一个不可或缺的参照点。他的研究工作触及政治、国际关系理论与战争研究，触及媒体社会理论（media and social theory）、美学（/感性学）（aesthetics）、都市环境思想（urbanism and environmental thinking）。在这一系列广泛的关注中，技术问题发挥着中心的与决定着的作用。如果维利里奥是一位当代不可或缺的思想家，那或许是因为他的研究工作植根于对技术问题的一种持久的哲学介入。维利里奥的研究工作向我们显示了技术如何与为何并且将继续从基础上塑造人的经验与历史发展。

没有人会怀疑技术创新在近代历史上所发挥的决定性作用。从 19 世纪末起,汽车与航空旅行的发明,电话通信、电影与电视的发明就对人的各方面经验产生了决定性冲击。互联网、数字媒体和移动电话技术的发展,最近已经成为技术变革在社会政治生活(social and political life)方面产生冲击的最显而易见和无孔不入的标志之一。维利里奥研究工作的伟大内在力量在于,它挑战了我们许多日常或常规的思考技术的方式,它在塑造我们的个人集体经验(individual and collective experience)上发挥了基础作用。我们往往首先从工具性角度来看待不同的技术。换句话说,我们往往将技术设备视为用于实现某些有结果的目的(ends)的工具。这样做的时候,我们经常假设这些工具本身是中性的(neutral)或无关价值的(value-free)。然而这种观点忽视了一个事实,那就是我们的日常活动、我们的移动以及传播形式在一种极为深奥的层面上都是被我们所使用的这些技术所结构或塑造的。正如理论家大卫·卡普兰(David Kaplan)所言,"人的生活已经彻底被技术渗透"(Kaplan 2004:xiii)。可以说,一种技术设备或技术系统(a technical device or system)从来都不单单是或仅仅是一种工具而已,毋宁说"各种技术设备和技术系统塑造了我们的文化与环境,修改了人的活动的种种惯行(patterns of human activity),影响了我们是谁和我们如何生活"(Kaplan 2004:xiii)。不管怎么说,技术是一种中性或无关价值的工具这样的工具主义者的观点都是难以为继的,因为,如果工具是出于各种特定的强调结果的目的或设法争取的目标(objectives)而被制造出来,那么它们必然被嵌入人的生活和人的互动(human life and interaction)的复杂网络中,或者再次如卡普兰所说的,"人性与技术位于一个循环关系中,任何一个都塑造和影响另一个"(Kaplan 2004:xv)。

　　自从 1975 年他开始发表完整的长篇作品以来，维利里奥的写作就将其自身导向了一种对人（the human）与技术（the technological）之间生存的这种循环关联的追问。他一直对传递（transmission）——也就是说，一方面对运输（transport），另一方面对传播（communication）——的技术最感兴趣。维利里奥或许是最著名的速度思想家，在思考不断增加的传递速度（the increasing speeds of transmission）如何塑造个体知觉以及社会、政治与文化生活（social，political and cultural life）这方面闻名遐迩。

　　从许多方面来看，从 1970 年代中期开始，速度就是支撑维利里奥写作的核心思想理念。然而，他并不单单或独一关注由现代技术带来的移动和传递的加速（the acceleration of movement and transmission）。正如本书开篇几章所清楚表明的那样，通常对维利里奥来说，速度或相对移动是我们经验逐渐展露的元素或媒介。像他对加速怀有兴趣一样，他对放缓（slowing down）或减速（deceleration）也同样抱有兴趣。现代运输与通信技术使我们能够快速移动或远距离瞬时沟通。然而，这样也迫使我们，作为身体，花费更多的时间在呆滞或静止的位置上。我们在飞机、火车或汽车座椅上长时间保持不动，我们经常发现我们自己在电视或电脑屏幕前同样一动不动，或者我们通过电话与我们可能会拜访的某人交谈。如果速度是维利里奥的核心思想理念，这可能是因为他从基础上更关心的是时间空间组织化（temporal and spatial organization），是相对移动即加速加上（and）减速如何塑造我们关于时间和空间的个人集体统握（our individual and collective apprehension of time and space）。

　　这种对时间空间组织化的关注根源于维利里奥的建筑学与都市主义（urbanism）的背景。1969—1999 年，他曾担任巴黎建筑专业学校（École Spéciale d'Architecture）建筑学教授，通常倾向于将自己描述成一位都市设计者或一位城市思想家。然而，正如已经指出的那样，这个标签对他介入之广度和范围来说并不是公正的。维利里奥的写作，远不是那么简单地处于任何一门学科内部，而是由它对许多不同知识区域的百科全书式的引用，以及它如何在人的活动的不同区域（例如，他 1989 年的开创性作品《战争与电影》[*War and Cinema*]中现代作战的发展与电影的发展）之间建立联结来定义的。然而，使得维利里奥的写作如此原创的，以及见解如此丰富、令人惊讶且时有引发争议的，正是他写作特定的欧洲哲学理论视角（European philosophical and theoretical perspective）。他在技术方面的论述、他关于人的经验以及我们如何介入或理解世界的构想，深受 20 世纪欧洲主要思想家如瓦尔特·本雅明（Walter Benjamin，1892—1940）与现象学缔造者埃德蒙德·胡塞尔（Edmund Husserl，1859—1938）的影响。

正如一位批评家指出的那样，瓦尔特·本雅明的理论哲学写作（theoretical and philosophical writing）是基于这样的先决条件，即"技术孕育生成了（generates）诸多新形式"和"技术形式沉淀析出（precipitates）社会形式"（Leslie 2000：xi）。在某些方面，维利里奥的研究工作可以被看作是一种本雅明研究工作的延续（1940 年，本雅明不幸早亡，年仅 48 岁）。在本雅明的著名随笔《机械复制时代的艺术作品》（'The Work of Art in the Age of Mechanical Reproduction'，1936）中，他写道：

在长期的历史中，人的感知觉模式（the mode of human sense perception）随着人性的整体生存模式（humanity's entire mode of existence）一起变化。人的感知觉被组织起来的方式

及其被实现的媒介,不仅由自然来决定,而且也由历史境况来
决定。

(Benjamin 1974: 216)

对于本雅明来说,同样对维利里奥来说,在这种"知觉组织化
(organization of perception)"(Benjamin 1974: 216)中起着决定性作
用的这些历史境况与介导我们与世界关系的诸多技术模式无法自
拔地息息相关。在他关于现代性之本性的写作中,本雅明的兴趣
在于分析"一种已经被技术改变了的感知觉"(Benjamin 1974:
235),或者正如他在一篇谈论法国诗人夏尔·波德莱尔(Charles
Baudelaire)的随笔中所指出的那样,他感兴趣的是"技术使人的感
官(the human sensorium)遭受了一种复杂训练(training)"
(Benjamin 1974: 171)的方式。

　　这些由一位德国思想家在 1930 年代撰写并发表的文字,可以
轻而易举地由保罗·维利里奥写出来,这位意大利血统的法国思
想家生于那个年代之初——1932 年。可以说,维利里奥的眼界与
取向,与 20 世纪早期一些最具显著影响力的思想家保持着继续性
(continuity),这使他的写作在审问 20 世纪末与 21 世纪初的当代
现实情况时,如此引人注目并富于启发。不过,如果维利里奥在试
图通过各种技术形式来理解感知觉的"组织化"或"训练"时是跟
随了本雅明的脚步,那么他对知觉本身的记述则受惠于由埃德蒙
德·胡塞尔奠基的现象学思维方法。

　　胡塞尔的哲学研究计划可能最好(或许相当粗略地)被描述为
这样一种审问尝试,即它尝试审问意识是如何向知觉的那些对象
(the objects of perception)引导它自身的。它关注的是即刻感知觉
上的诸现象之显相(the appearance of phenomena in immediate sense

perception），并试图识别出塑造我们知觉到之方式的那些本质或结构。在此语境下，胡塞尔也试图追问技术的本性与现代科技世界观（the modern techno-scientific world view）的本性。在他后期举足轻重的作品、出版于 1937 年的《欧洲科学的危机与超越论现象学》（*The Crisis of European Sciences and Transcendental Phenomenology*）中，他对现代科学的兴起以及由它引发的"技术思想与技术活动（technical thought and activity）"（Husserl 1970：56）的增强进行了扩展的哲学记述。胡塞尔据理认为，现代科学革命起源于伽利略在 16 世纪末与 17 世纪初发展起来的现代几何数学（the mathematics of modern geometry）。根据这一说法，伽利略使用新的几何学去测量自然现象（尤其是天文事件），而这样做，他就发动了一种更普遍的"自然之数学化（*mathematization of nature*）"（Husserl 1970：23），由此形成了现代科学方法的基准。胡塞尔认为，"运算手法（calculating technique）"（Husserl 1970：46）主宰了新的几何数学的方法论，这导致了"属于自然科学的所有其他方法的"（Husserl 1970：48）技术化（the technization）。那么，根据胡塞尔的看法，由伽利略的科学革命引发的自然之数学化，也宣告了"技术思维和技术活性（technical thinking and activity）"（Husserl 1970：56）在现代科学世界观中的主导地位。胡塞尔从来没有打算动摇科学知识的真理性或普适有效性。不过，他确实相信，这种思想与活动的"技术化"使现代科学对其植根于关于世界的日常感知觉和意识中的状态视而不见。在现代理论性的、数学性的和科技上的思想的诸多抽象之下，胡塞尔试图重新发现本构我们日常活动与世内介入（worldly engagements）的感知觉世界。

维利里奥与胡塞尔的理念一致，认为现代经验是由一种科技世界观来塑造的，并且像胡塞尔一样，他试图揭露、重新发现和分析一个更为即刻的感知觉领域,而这种感知觉先于科学知识的那些理论抽象。胡塞尔不会像维利里奥和本雅明那样,接受知觉的那些基础要素可以由技术来塑造或"训练",因为他的目的是证明它们的普适恒常和逻辑一致。然而,他对几何学与现代的技术思想及技术活动之起源的记述对维利里奥来说至关重要,在维利里奥研究工作的诸多关键观点中都有提及(比如,Virilio 2000d:71-87,1993:101,118-20,1991a:115)。许多维利里奥的读者不熟悉也确实不太熟悉作为一种哲学运动或哲学传统的现象学。因此,本项研究课题的第 1 章将会更为详细地说明作为一种哲学理论的现象学是什么。该章还将审查维利里奥的写作是如何受惠于现象学方法的,以及他是如何介入一种法国现象学传统的,这一传统以诸多不同的方式发展了胡塞尔的研究计划。

本书将显示,维利里奥现象学视角的特定言表方式,使得他能够就现代技术如何开始塑造感知觉以及社会、政治和文化空间之组织化(the organization of social, political and cultural space)发展出一种高度原创而强大的记述。在这方面,他的思想并不像乍一看那样与最近法国思想内部的主流趋势不相容。在出版于 1992 年的重要作品《着魔的个体》(*The Possessed Individual*)中,阿瑟·克罗克(Arthur Kroker)据理认为,"当代法国思想由关于技术社会的一种富有创造性的、充满活力的与高度原创的记述构成"(Kroker 1992:2)。在许多方面,这一陈述的内涵仍然有待充分探究。在此语境下,维利里奥就是那些认为技术问题占据核心位置的众多著名法国思想家中的一员。例如,我们仅需要想一想福柯(Foucault)后来的研究工作,像他在《规训与惩罚》(*Discipline and Punish*)(Foucault 1995)中对"权力技术"(technologies of power)的分析或对"自身技术"(technologies of the self)的分析(可参见 Martin 1998)。德里达

6

(Derrida)关于"本原技术"(originary technics)的论述,萌发于其早期作品如 1967 年的《论文字学》(*Of Grammatology*)(Derrida 1997)中,最近的《论触及》(*On Touching*)(Derrida 2005)中的有关论述也会是这方面的一个关键参照点。显然,"技术"(technology)一词在这些不同哲学家的研究工作中被以大相径庭的方式挪用、转换或使用。然而,在每一种情况下,这些论述都应该被看作是对(由胡塞尔所提出的[参见上文]或者由马丁·海德格尔[Martin Heidegger,1889—1976]所提出的[参见 Heidegger 1993:307-41])早些时候关于技术的现象学记述所作出的复杂发展或批评性回应。

有鉴于此,维利里奥一跃成为众多极具影响力的法国思想家中的一员,这些法国思想家通过继承或超越传统现象学思想,继续为批评性地理解技术现代性(technological modernity)与诸多当代社会、政治和文化形式(contemporary social, political and cultural forms)供应不可或缺的概念理论资源(conceptual and theoretical resources)。本书将会详细介绍预示维利里奥写作的诸多哲学视角以及他在诸多理论分析中制造的那些关键概念创新,也会介绍他那些有关现代媒介文化内的经验的"合身虚拟"(the 'becoming virtual' of experience)的关键论证(key arguments),还将概述他对战争、政治与艺术的思考。在每一章中,我们都将仔细注意这些论证是如何一致地植根于他对知觉以及对空间时间经验之组织化(the organization of spatial and temporal experience)更基础的专注中的。接下来,本书不仅会向读者们介绍维利里奥就技术现代性思考和写作了什么(*what*),还将显示他如何(*how*)思考与写作。很明显,他以一种非常独一的、常常令人不安的方式写作,并在某种支离破碎的、无章可循的程度上推进他的各种论证。然而,如果他这样写,那么他必有很特定的原因。维利里奥的写作并不单单是一种"理论"论述(a discourse of 'theory'),或者一种直截了当地向他的读者们展示理论性的命题或真理的论述。最为重要的是,阅读维利里奥,会让人感到惊奇,富于挑战性或煽动性。如果我们已经准备好感到惊奇,并接受他研究工作的挑战或煽动,那么,维利里奥会据理认为,我们可能已经准备好以种种新异的方式(new and different ways)来看待世界。

关键思想

知觉的政治

现象学、形状与视觉的空隙

  对于人的身体的专注,位于维利里奥技术上的兴趣的最核心处。空间上的身体定向之问题及其在知觉和悟性(understanding)方面的冲击支撑了他从1960年代一直到今天的整个研究工作。维利里奥对当代技术发展的回应和他对一种"加速社会"(accelerated society)的记述,需要在这种对身体的专注之语境内加以理解。维利里奥的全部研究工作都旨在肯定我们经验的身体维度。他想提醒我们注意,现代技术是如何通过各种新异的方式来对我们的身体进行定位从而塑造我们经验到空间和时间的方式的。尤为重要的是,他想提醒我们注意,速度技术可能是如何削弱我们情境身体经验的丰富与相异(the richness and diversity of our situated bodily experience)的。

  有些人判断维利里奥的研究工作在考虑技术发展时过于消极或悲观(Virilio 1999:47),有时甚至有些不太关心政治或保守(Armitage 2000:81,120)。可是,像这样的判断需要谨慎对待。

在政治方面,维利里奥的路线与他那一代的许多法国知识分子和思想家一样,大体上属于非主流的(nonconformist)(即非马克思主义的)左派,而且他曾令人不安地把自己描述为"一个无政府基督徒(an anarcho-Christian)"(Armitage 2001:20)。不过,这一基督忠诚很少如此明言地被付诸实践,维利里奥在个人的神学信仰与写作的理论关切之间,尽力保持一定距离。就此而言,他的取向非常不同于其他重要技术思想家,如雅克·埃吕尔(Jacques Ellul)(Ellul 1965)。我们必须在特定的论述策略的语境内,来理解维利里奥作品表面上显然消极或过度悲观的基调,以及他的写作同时弥漫着的煽动性和争议性。总之,他的观点需要被置于他明言的那些哲学理论信奉(philosophical and theoretical commitments)的语境内去理解。维利里奥在哲学上最早接触的是埃德蒙德·胡塞尔与莫里斯·梅洛-庞蒂(Maurice Merleau-Ponty, 1908—1961)的现象学思想。以格式塔心理学著称的 20 世纪早期心理学学派所提出的见解,对维利里奥来说,也具有关键性的意涵(significance)。接下来的章节将会概要介绍这些哲学理论视角(these philosophical and theoretical perspectives),并把它们与维利里奥研究工作中身体经验被肯定的方式关联起来,还将把这些理论关切与他都市主义的背景以及他早年绘画上的兴趣关联起来。

都市主义与《建筑原则》

维利里奥对情境身体经验维度的信奉在他作为一位都市设计者与建筑学家的早期研究工作中得到了明显展示。他的都市主义背景可以追溯到 1960 年代,在此期间,他与克劳德·巴夯(Claude Parent)围绕《建筑原则》(*Architecture principe*)评论展开合作。这份评论及其周围聚集者的总体观点,与第二次世界大战以后都市发展的大方向相比是一种异议。这一发展被大家觉察到主要是强调垂

直。人们注意到,当代建筑太过聚焦于那些将会被竖在越来越高
的地方的结构的修筑上。《建筑原则》的作者们认为,随着摩天大
楼与高层住宅的大量扩散,设计趋于标准化,冲击破坏了都市风景
(Joly 2004:26-7,57)。他们固执地认为,围绕"正交"(the
'orthogonal')而组织起来的建造物,也就是说,与直角有关的或者
由直角组成的建造物,占据主导地位,描述了这一设计标准化的特
征。摩天大楼将会随着水平垂直线的建造(constructions of
horizontal and vertical lines)而一起修筑(不仅是外墙,也包括窗户的
布置)。这方面最明显的例子,当然就是2001年9月被破坏掉的纽
约世界贸易中心。

　　针对垂直和正交的这种主导性,《建筑原则》的合作者们提倡 11
向当代建筑设计(contemporary architectural design)引入他们所谓的
"倾斜功能"(the oblique function)。通过他们倡导的"倾斜功能",
维利里奥和巴夯试图促进这样一种都市设计与规划,它将重新定
义人的身体与地球表面之间维持的关系。身体不会或多或少默然
地被安置在一个由众多过高的直角建造物所主宰的建筑空间或都
市空间内。相反,身体会被放置于一个其周围由倾斜面构成的空
间内。可以说,这种倾斜面环境会肯定身体的移动与它的实物情
境(its physical situatedness)的关联。在地面空间的设计和修筑建造
物方面的设计中都坚持倾斜面占主导地位的同时,这种"倾斜功
能"会要求人们思考一种新的都市秩序,发明一套新的建筑学语汇
(*Architecture principe*, 1, February 1966, in Virilio and Parent 1996)。
从当代视角来看,这种革命性的建筑学思想看起来有些乌托邦。
甚至,即便在维利里奥试图为他的理论辩护而反对这类指控的当
时,也是如此。他据理认为,对都市空间、物理环境的现代态度和
对物质资源的消耗将被证明是不可持久的。因此,维利里奥坚决
断言,对建造物设计、空间规划与栖息于城市中的大量身体之间关

系的追问,将成为今后的都市主义的一个例行必然特征(*Architecture principe*,2,March 1966 in Virilio and Parent 1996)。

　　显而易见的是,维利里奥和巴夯发展出来的"倾斜理论"(theory of the oblique)倾向于这样一种建筑设计,它将赋予处于情境中的人的身体的时空第一人称视角经验(the spatio-temporal first-person experience)以特权。如果说在此有一种对当代发展的拒绝的话,那么这就是一种以对身体经验的空间性和时间性的某种特定肯定为名所贯彻实施的拒绝。出于对当代都市设计师让-米歇尔·维尔莫特(Jean-Michel Wilmotte)研究工作的认同,维利里奥最近写道:"无视这种空间-时间活动范围(this spatial-temporal sphere)将意味着对世界的将来性都市极核化(the world's future metropolitisation)的一种总体误读,这将会剥夺它们特有的正在冲向的所有对象与迹象(all objects and signs of their very meaning)"(Wilmotte 1999:10)。这种评价与维利里奥1960年代的早期研究工作完全一致。《建筑原则》的这种拒绝当代主流趋势的姿态,既不是一种保守主义,也不是对过往都市空间的悲观怀旧。相反,它是一种着手处理身体经验基础定向的尝试。它的目的是揭露和促进一种对建筑设计的不同理解或异议。这基于一种希望,即未来12 的和迄今为止尚未考虑到的那些发展可能都可以被构想出来。这种拒绝与肯定的双重姿态可以在维利里奥整体研究工作中被发现。他拒绝当代发展的某些方面,但这样做仅仅是为了肯定人的身体的诸多可能及其可以处于空间内的相异方式。当关联维利里奥所信奉的现象学哲学视角时,这种拒绝与肯定的双重姿态才能被更清楚地理解(参见方框,pp. 13-14 [1])。

---

[1] 此页码为原书页码,请参照本书页边码查找,后同。——编者注

现象学

在维利里奥的研究工作中,对现象学的参照为理解身体占据中心位置以及技术与身体经验的关联提供了钥匙。现象学思想暗中贯穿他的研究工作,最突出的是,在《领土不安全》(*The Insecurity of Territory*)(Virilio 1993:118)、《极惰性》(*Polar Inertia*)(Virilio 2000d:71-87)与《丢失了的维度》(*The Lost Dimension*)(Virilio 1991a:115)中对胡塞尔的参照。现象学视角也展示在他对梅洛-庞蒂思想的一贯呼吁中,如在《视觉机器》(*The Vision Machine*)(Virilio 1994b:7)与《马达的艺术》(*The Art of the Motor*)(Virilio 1995:81,141)中。在上述两位哲学家的研究工作中,维利里奥感兴趣的是这样一种观念想法,即"空间局限于可感经验的世界(the world of sensible experience),除此以外,则没有任何名副其实的空间"(Virilio 1995:141)。从现象学视角来看,空间不单单是三个维度的广延(the extension of three dimensions),可以借助数学来衡量它。传统争论涉及空间本身是一种托体性的东西(a substantive thing)或者只不过是一种事物间的关联(a relation between things)(这两种理论被分别称为托体论[substantivalism] 与关联论[relationalism]),现象学对此不感兴趣。不如说,现象学认为空间首要是被经验到的(*experienced*)空间。它考虑的是作为空间性(spatiality)的空间,也就是说,作为一种空间知觉或空间觉知(a spatial perception or awareness)的空间,是与我们身体被定位的方式不可分割的。空间性,与我们在一种特定身体定向的语境内的感(sense)、触及(touch)与看到(see)之能力是分不开的。该论证认为,只有以这种居先的空间性经验(this prior experience of spatiality)为基准,我们才能够得出一些对空间的抽象理解或理论理解。如果我们不能首先将空间作为情境活生生的空间性（situated and lived spatiality）来邂逅，那么对空间作为三个维度的广延的那种理论理解（或者任何其他对空间的理论理解或科学理解）将是不可能的。

这一论证在胡塞尔1907年的《事物与空间》（*Thing and Space*）（Husserl 1997）的演讲中被最清晰充分地给出，并在胡塞尔之后的现象学传统内以不同的方式得到了发展。例如，在马丁·海德格尔《存在与时间》（*Being and Time*）对生存论空间性（existential spatiality）的记述（Heidegger 1962：135-48）中，或者在梅洛-庞蒂《知觉现象学》（*Phenomenology of Perception*）对空间与知觉的记述（Merleau-Ponty 2002：116 ff.）中得到了发展。在此要着重指出的是，对于现象学家来说，我们关于空间的经验或知觉是与关联于身体周遭事物的身体的定位和移动不可分割的。我们投向世界的凝视只能被认作是一种首要是具身了的凝视。例如，如果我们不是直立的动物，双眼也不在我们头的前部，那么我们关于世界的经验可能会很不一样。再如，可以想象，如果在我们头的两侧各有一只眼睛并且可以同时向前和向后看，那么世界看起来会是怎样的？

现象学

现象学是一项哲学研究计划，旨在用最清晰系统化的方式去描述意识的特征。因此，它关心的是，在活生生的可感经验中显现的东西（即**诸现象**[*phenomena*]）。独立于经验的诸现象之生存，在这里并没有被提出，也不被认作一个有望实现的哲学问题。现象学之父埃德蒙德·胡塞尔试图从我们如何把我们的意识对准那些现象的角度来审问它们。对于现象学家来说，重要的是，诸对象按照我们朝向它们的那些意向（intentions）如何向意识显现。现象学家审问那些塑造我们意识指向（the directedness of our consciousness）的意向结构（intentional structures）或抽象元素。正是以指向或意向性（intentionality）的这些结构为基准，可感诸显相的世界才作为有冲向的（meaningful）和可悟性化的（intelligible）为我们而本构。胡塞尔现象学研究的目的是隔离冲向着的一本构着的结构（the meaning-constituting structures），这些结构使意识成为可能。胡塞尔摒弃经验论（empiricism）的主张。按照经验论哲学的观点，感（sense）与正在冲向（meaning）的逻辑规律可以位于实际的心智活动（actual mental activity）中，例如，位于脑功能的生理机能中。就此来说，胡塞尔哲学关注的不是那些生理学意味或神经学意味的属性（properties），而是经验可能性（possibility of experience）的种种逻辑条件。它排除任何特定的或特殊的经验内容（content of experience）或者为其加括号。对胡塞尔来说，这些逻辑条件既是普适的，又是必然的。就此而言，他的哲学可以被置于理念论（idealism）的传统内，就好像它是紧跟18世纪德国哲学家伊曼纽尔·康德（Emmanuel Kant）而发展起来的一样。胡塞尔肯定了他所谓的先验自我（the transcendental ego）之生存。他旨在用"先验自我"这个术语描述一个与经验自我或主观自我（the empirical self or subjective ego）截然不同的非人称领域（impersonal realm）。对胡塞尔来说，先验自我经由各种冲向着的一本构着的结构和各种抽象的逻辑元素为我们本构世界。胡塞尔固执地认为，所有的认识（knowledge），所有的理论性的、理性的（rational）或科学上的努力依赖并来自意识的各种行动和给予它们以生命的各种意向结构。在胡塞尔之后的现象学传统中，比如在由马丁·海德格尔、

14

莫里斯·梅洛-庞蒂和让-保罗·萨特(Jean-Paul Sartre)发展出来的不同形式的生存论现象学(existential phenomenology)中,给予即刻的意识或知觉以其在理论抽象或思辨理性之上的逻辑优先性,仍在继续。这三位思想家以各自不同的方式批评胡塞尔对理念性(ideality)与抽象化(abstraction)的强调;他们对先验自我之生存表示怀疑,并且肯定在各种有意识的行动之内不可能将那些形式性的逻辑结构(formal logical structures)单独隔离出来。作为生存论现象学家,他们将重点从那些理念本质或逻辑本质转移到"在世"(being-in-the-world)的种种结构上。按照这样的说法,贯穿了正在冲向-本构化(meaning-constitution)发生的诸多意向行动(the intentional acts)是可能的,原因在于我们事先嵌入了一系列实用主义的世内介入(pragmatic worldly engagements),这些介入既先于又超出它们被单独隔离为诸多抽象形式的可能性。例如,梅洛-庞蒂用身体-主体(body-subject)这样的理念替代了先验自我。梅洛-庞蒂的身体-主体,既不是传统意义上的心智(mind),也不是传统意义上的身体,只有就它在空间中被定向并且或多或少地被嵌入感和目的方面的各种分散的视限(diffuse horizons of sense and purpose)中来说,它才能把世界经验为有冲向的。这些视限先于有意识的意向性或意愿而生存,本构了身体-主体的"意向弧"(intentional arc),也就是说,以有目的的介入之场域为基准,有冲向的经验才会发生。梅洛-庞蒂的生存论现象学保留胡塞尔的关键主张,认为所有抽象知识或理论知识必须被视为次要的,并且都派生于由即刻的意识、知觉和经验制成的生命。

这个具身凝视或情境凝视(the embodied or situated gaze)的问题,对维利里奥理解我们与世界关系的方式来说是基础性的。我们的凝视塑造了我们与世内空间(worldly space)的邂逅,同时世内空间在具身知觉中被立即经验到。例如,他说:"梅洛-庞蒂告诉我们,世界的真实地平线(/视限),朝向我们取道我们的凝视(*gaze*)(目光[*le regard*])而首次移动"(Virilio 1995:81)。对维利里奥来说,尤为重要的是"身体的迁移性与活性"(mobility and motility of the body),它使我们关于世界的各种知觉得以发生,并由此获得一种我们自己作为世内空间生物的经验(Virilio 1993:260)。他感兴趣的是,诸地方与诸事物的风景根据它们被接近的方式会看起来或显现出来有什么不同。就此他例举了一名火车乘客注视路过风景的处境:"正在生产这片风景的正是我身体的移动……有点像火车上一名旅客看到树和马飞驰闪过,看到山岗蜿蜒消失"(Virilio 2005a:30)。当乘坐火车与汽车旅行时,我们经常认为我们自己只不过是在穿过空间。然而,从现象学视角来看,这种对我们经验的日常解释之所以是可能的,仅仅是因为我们首先以一种颇为不同的方式经验到了包围着我们的那些轮廓(figures)和形状(forms):那棵树,迅速地在我们的视觉场域(our field of vision)中浮现,缩小尺寸,然后一扫而过,没有触摸过,也没有攀爬过,继而一瞬间就消失了;要不然,我们可能会徒步接近它,看见它在我们正上方若隐若现,然后触摸它,乃至爬上去。如若不是这样,可能会包围并笼罩我们的这段风景会被迅速的移动扭曲变形;它算不上是在它的那些物质维度中被经验到的东西,因为我们的身体没有经验到疲劳或者徒步横越它而延伸的耽搁时间。在每一种情况下(乘坐火车旅行或徒步旅行),世界都以一种十分不同的方式向我们显现或者被知觉到。这个例子证明了身体知觉(bodily perception)在维利

15

里奥思想中的核心重要性。它清楚地表明,为什么由移动与速度所致的现实仍然如此基础。移动与速度,对维利里奥来说,不单单是主题式关注。不如说,它们正在结构我们经验到世界空间之方式的那些原则。在这方面,维利里奥对空间的理解首要是现象学意味的,不同于科学的那类理解。他可以说是并没有从三维的角度来思考空间,而宁愿认为"空间诸维仅仅是短暂的幽灵,就像诸事物仅仅在凝视的轨迹中可见一样,这种凝视就是眼光,它定义了地方"(Virilio 2005a:118)。

这种现象学视角表明,维利里奥对世界的取向以及对世界是被经验到的这方面的取向,与我们的日常理解相去甚远。胡塞尔把这种日常理解描述为"自然态度"(natural attitude)。根据这种自然态度,我们或多或少不假思索地假设我们生活在一个与各种事物有关的世界(a world of things)里,而这些事物对我们来说是外部,并且客观地生存于一种延展空间和一种线性时间中。我们假设在这些事物与我们关于它们的意识或我们对它们的主观介入之间有一种明显的分离。当然,现象学视角并不否认诸事物之客观生存。不过,它确实坚持认为,这种客观生存只有相对于我们在一个活生生的(也就是具身了的)空间时间经验内关于这些事物的那些共有知觉来说,并且以此为基准时,才可以被理解。我们总是在感或正在冲向方面的各种共有形状被施与诸对象的语境内,邂逅到或知觉到这些对象。只有在这样一种共有的感视限(such a shared horizon of sense)的语境下,诸事物才作为各种有冲向的独立生存体(meaningful entities)向我们显现。

在《否定视限》(*Negative Horizon*)的开篇,维利里奥明言肯定了这种对诸事物之生存的理解:"诸形状,诸事物,放射(emit)并接收(receive),它们放射一种可感现实(sensible reality)和它们所经受的东西(what they have undergone)，它们接收并送还与它们的处境及它们的即刻周遭事物有关的感之总体性(the totality of the sense of their milieu and their immediate surroundings)。"(Virilio 2005a：27)所以，如果我走进一个房间，看见一张桌子，坐下来开始写字；我之所以这样做，是因为对我来说只有在一种居先的感视限的背景衬托下，桌子才作为一个可悟性化的和有冲向的对象向我显现。这种感或正在冲向方面的视限决定了这间屋子的语境、房间内空间的功能本性，因而，放置在那里的那些物体对我来说才将会具有目的(purpose)或感-价值(sense-value)。根据日常理解的那种自然态度，所有这些事物——书房、里面的空间、桌子和写作材料——是这样的一些独立生存体，它们的身份只不过是在物体自身的在场(the presence of the object itself)中被给出的。日常理解告诉我，我将这些事物作为我的意愿和决断的诸客体来邂逅。它使我能够假设这些物体的身份或感价值(sense value)，独立于我与它们的邂逅而生存，独立于我可能就它们而作出的那些决断而生存。现象学取向的一个中心前提是，以诸事物的这种直截了当的客观性或已知性(givenness)为先决条件的不加反思的自然态度，掩盖了或模糊了世界中的诸物体实际上向我们显现的方式。它们不单单是"在那儿"，确切地说，它们是在某个具身知觉的空间时间定向(the spatial and temporal orientation)中以及在感方面的各种共有视限的语境内，作为有冲向的而被邂逅到。那么，现象学取向的目的就是悬置(suspend)自然态度以及随之出现的我们对世界的日常理解，审问掩盖在其下面的那层更原真的经验(that layer of more primordial experience)。它允许对诸事物最初如何向我们显现加以调查，允许对更原本的感-正在给予视限(the more original horizon of sense-giving)加以调查，这种视限使得那种显相变得可悟性化。　　**17**

维利里奥的现象学观，或许是初期理解或消化他研究工作最困难的方面。这也许是因为胡塞尔所描述的自然态度于我们而言根深蒂固。维利里奥在《否定视限》一开始所提出的他早年画家经验的扩展记述，也许更容易理解或消化。这段他早年绘画尝试的亲身记述，更清楚地例示了他忠于现象学以及对知觉和具身进行现象学追问的攸关所在。

绘　画

对抽象形式主义（abstract formalism）的摒弃，描述了维利里奥跟建筑学与都市主义的关联特征，也支撑了他绘画上的兴趣。就这种绘画上的兴趣也例示了他的现象学观来说，它可以充分揭示他整体写作的方法或取向。在他 1984 年的作品《否定视限》的前言中，维利里奥详尽地就他作为一位画家的动机以及绘画对他世界取向的冲击发表了评论。

《否定视限》可以说是维利里奥最重要的作品之一。它将贯穿其写作的那些关键问题汇集在一起，并对它们进行了统一的探讨。它长篇大论地讨论速度问题并介入"竞速学"（dromology）方面的科学（我将在第 3 章进一步讨论）。它调查了传递速度的加速（accelerated speeds of transmission）在知觉上、在全球空间方面的经验上以及在军事、社会和政治组织化（military, social and political organization）上的冲击。所有这些问题将在随后的各章中予以充分探讨。就此来说，他在《否定视限》前言中对绘画的扩展沉思，几乎要求被解读为在他写作的普遍性理论方法论取向（the general theoretical and methodological approach）之上的一种有意识的反思。维利里奥坚决断言，从他的孩提时代开始，他就"抵抗数学的那些公式，但是对几何学与地理学的各种轮廓怀抱开放的态度"（Virilio

2005a：26）。作为一位画家，尤其是作为一位静物画家，他的兴趣，不在数学抽象上，而是相反，在各种外貌（shapes）、轮廓和形状上。为此，维利里奥这样表达说："各种轮廓总是向我诉说……我发现各种外貌环绕在我周围极为传神"（Virilio 2005a：26）。作为一个年纪轻轻的男孩，他可以记住黑板上的痕迹、地图等高线以及不同的地理形状，但是，日期、算数和公式这样的表达方式对他来说，正相反，完全是陌生的。因此，作为一位画家，他的兴趣在于诸形状之显相，而非诸物体之再现。他感兴趣的是，各种轮廓与形状在被识别为这样或那样（数学上）可测量的客体之前于知觉中显现。换一种说法，他感兴趣的是语言上被命名为这样或那样可识别的东西之前的各种可见形状： 18

> 对我来说已然清楚的是我们可以把我们的调查转向各种对象、事物、轮廓的那种无声显相，而这样的调查也必然会成为一种作为追问而非作为再现的绘制形象的艺术（an art of painting the pictorial as questioning and not as representation）。
>
> （Virilio 2005a：27）

可以再回想一下，维利里奥在建筑上的兴趣是通过一种专注与一种摒弃来定义的，那就是对某种与身体情境（bodily situatedness）有关的基础经验的专注与对抽象形式主义的摒弃。同样地，他在绘画上的兴趣也是通过一种关注与一种摒弃来定义的，那就是对关于诸形状的即刻知觉的关注与对那些可能更常规地代表它们的（数学性的或语言学上的）范畴的摒弃。他坚决断言，他绘画的目的是："去反映……诸轮廓的现象逻辑（the phenomenology of figures），几何学的起源"，因为"没有抽象，一切皆展示了某种轮廓"(Virilio 2005a: 27)。

这就是维利里奥对他的绘画活动所明言给出的意图(the meaning),而且它可以延续到他的整体研究工作中去。他的努力不单单是试图去再现环绕他的可感世界的那些形状。他的目的倒不如说是去揭露那些隐藏在我们日常视景(everyday view)之外的东西,去审问知觉着的身体(the perceiving body)与其周遭事物更为基础的关联,去发现"那没有显现的东西的丰富、丰裕,那看似不在的东西的生命"(Virilio 2005a: 28)。

形 状

如果维利里奥的绘画记述引起我们注意到现象学在他研究工作中所发挥的更普遍作用,那么它也凸显了支撑着他写作的另一种理论视角的重要性,即完形心理学(the psychology of forms),也被称为"格式塔心理学"(Gestalt psychology)(参见方框, pp. 19-21)。正如已经指出的那样,对维利里奥来说,绘画不应该被简单地看作为再现,而是应该被看作为对"各种对象、事物、轮廓的""无声显相"的一种追问。在现象学和格式塔心理学中,诸形状之显相问题占据核心重要地位。维利里奥在完形心理学上的兴趣主要集中在各种形状或轮廓与它们所属的那种"知觉整体"(perceptual whole)维持的关联上。他的论证是,在我们的日常介入和知觉习惯中,我们很容易地识别某些东西,但掠过、忽略或看不出我们周围世界的其他方面。这是因为,某些形状,以及它们与它们的周遭事物或显相背景的关联,对我们来说都是非常熟悉的,并且供应了我们用来组织我们关于世界的习惯知觉的那些结构着的原则(the structuring principles)。维利里奥再次提到了那些几何轮廓:"虽然我们完美地知觉到圆、球、立方或角,但我们关于诸时隔(intervals)、关于事物之间以及人之间的诸空隙(interstices)的知觉,就远没有那么敏锐了。"(Virilio 2005a:29)实际上,维利里奥的精力远不止集中于那躲在我们最熟悉的各种形状和轮廓之外的或者被它们所模糊的东西上。我们关于"诸时隔"或"事物之间的诸空隙"的"知觉"不那么敏锐,因为在我们习惯接受的各种轮廓中,我们根据一种相同原则(a principle of sameness)来结构我们对世界的普遍看法。根据这种相同原则,知觉得以正在发生,我们系统化地排除了"在-之间"(in-between)或者那在某种熟悉的形状与它背景的关联中不能清晰地显示它自身的东西。对维利里奥来说,这不是一种中立倾向,而是具有道德政治内涵(ethical and political implications):

> 我们把我们的时间和我们的生命花在了我们已经聚精会神凝视过的东西上,而这样我们就被最不知不觉地监禁了。这种过剩建构了我们的栖息地,我们借助类推(analogy)和外似(resemblance)来建构,这就是我们的建筑学。那些差异地或者在别处知觉到或修筑的人,是我们的世袭敌人。(Those who perceive, or build differently, or elsewhere, are our hereditary enemies.)
>
> (Virilio 2005a:37)

从这段引语中可以清楚地看出,维利里奥视我们倾向于从被动的角度(negative terms)围绕诸外似(resemblances)和诸内似(similarities)来结构我们关于世界的知觉。屈服于这样一种倾向,我们不仅面临一种知觉钳闭(perceptual incarceration)的风险,即无法介入相异陌生(the diverse and unfamiliar),而且我们也为对那些差异地看到之人抱有敌意乃至暴力铺设了根据。

格式塔心理学

格式塔心理学于 20 世纪初在德国发展起来，以回应 19 世纪末在广大心理学学科内占据主导地位的那些趋势。19 世纪的心理学倾向于赞同联想主义（associationism）理论，也就是说，意识的内容可以通过起初迥然不同的感性元素（sensory elements）的联想和重新联想来解释。那么，从本质上讲，联想主义在本性上是原子论式的（atomistic）：那些感性元素的即刻给予，只有凭借它们在实际经验中的邻接性（contiguity），即它们的彼此同时定位和邻接，并且随着时间的推移，凭借反复联想来强化这些邻接，才可以结合而成。既然如此，联想主义本质上就是一种经验主义理论，它将经验的内容凌驾在心智的那些前定结构（pre-given structures of the mind）之上。受埃德蒙德·胡塞尔现象学哲学的影响，格式塔心理学家们，诸如沃尔夫冈·科勒（Wolfgang Köhler, 1887—1967）、马克斯·韦特海默（Max Wertheimer, 1880—1943）和库尔特·考夫卡（Kurt Koffka, 1886—1941），向联想主义发起挑战，据理认为诸对象及关联形状之生存不同于诸感觉的那些集合（collections of sensations）。他们摒弃诸感性元素是心智生活的砌块（the building blocks）这样的念头，而固执地认为正是诸多动态结构之生存，决定了诸形状之显相以及我们在其中所知觉到的作为前景（foreground）或背景（background）、部分或整体的东西。心智生活的根据，不能从原子论的角度来看待，而是应被看作为关于诸形状亦即关于诸有机统一体或有机整体的经验，这些有机统一体或有机整体在知觉或再现的空间时间场域（the spatial and temporal field）内显明它们自身。这一视角的基础是这样一种念头，即任何在知

20

觉中展示它自己的可感对象(sensible object),仅仅与某种背景有关。这不只适用于可见的那些物体(visible objects),还适用于任何感性经验(例如,一个声音是在无声的背景衬托下或者在它从其他声音中分离出它自身的背景衬托下被辨认出来的)。诸对象或感觉从来都不是孤立地被经验到,而总是在某种轮廓与其背景的一种决定着的关联内被经验到。这意味着,在日常知觉中,我们习惯性地组织轮廓与背景的关联的方式,起着决定性作用。如果我们的知觉场域(perceptual field)不是在某种由不同计划制成的层次中被结构的,在这种层次中,某些轮廓相比于它们的背景而言占据了一个更加突出明显的地方,而其他轮廓则没有被边缘化,或者说没有被给予一个不太明显的位置,那么将根本没有什么东西对我们来说是融贯的。这就意味着知觉和组织知觉的不同视角(the different perspectives which organize perception)是诸多组织化统一体(organizational unities)和那些习惯性的注视过程这二者的某种功能,而后者将这些统一体按照层次彼此关联起来。尽管格式塔心理学家们对主观知觉场域(the subjective field of perception)感兴趣,但他们仍然以科学家的身份去展开研究工作,并致力于以一种与实验科学手法相一致的方式测试他们的见解和发展他们的理论。不过,在强调知觉整体高于感觉原子主义(the atomism of sensation)而居于首要地位时,他们试图使心理学科学超越还原论,还原论寻求将所有的心智生活都归功于脑功能的生理机能。

21

这种对公认观看习惯的关注以及对熟悉(the familiar)之内的知觉之"监禁"(imprisonment)的关注,意味着维利里奥不只对形状有兴趣,还对它的对立面"形抗"(antiform)感兴趣。绘画不只被维利里奥描述为一种"反映诸轮廓的现象逻辑"的尝试,也被其描述为一种"对诸时隔的那些轮廓的追捕"(Virilio 2005a：30)和一种想要"驱逐形抗"(Virilio 2005a：31)的欲望。他说出了自己作为画家的方案:"我确信有某些[形抗]种类,它们属于未知的、未被知觉到的家族和种族,我下定决心去发现它们,并对它们作出盘点。"(Virilio 2005a：31)就其目的是再一次去超越那些塑造我们正常理解的日常显相而言,完形心理学上的兴趣与现象学上的兴趣极其相似。对维利里奥来说,这两类理论视角都悬置了胡塞尔所识别的"自然态度",使得他能够揭露更加丰富相异的观看可能,从不同的角度去看世界。

举例来说,我们可以在这里引用那些剪影或线条图,它们根据它们被注视到的方式,为关于某种不同形象的知觉留出余地。其中最著名的是老妇/少女光学错觉,这幅图片,最初看上去,似乎是一个苍老女人的形象(图1)。稍微努力一下,在图像的那些黑色区域与其白色背景的关联上作另一番强调,一个年轻女人的轮廓浮现了,替代了之前的形象。在这一点上,这幅图像的注视者可以任意交替看到一个年轻或年长的女人,其所依据的是不同的形状是在前景与背景的不同关系中被注视到的。

图1

另一个典型图像的例子取自格式塔心理学的经典,这幅图像最初显示的似乎是在黑色背景衬托下的一只白色的花瓶或高脚酒杯(图2)。为了让这只花瓶显现,我们必须假设白色为前景。不过,如果我们把黑色区域作为前景,那么这幅图像就变成了两张彼此相对而置的侧脸。通过再次努力,可以使得一个或另一个形象浮现。如果一个人带着一种就前景和背景来说或多或少中立的假定接近这幅图像,那么很可能会被知觉到的是在花瓶/高脚酒杯与相对的侧脸之间出现的一种摆动(oscillation)。只有在涉及与图像的整体有关的那样一种知觉时,每一种情况下的形状才是可见的或可悟性化的。以我们对那个整体之正在结构(the structuring of that whole)所作的假定为基准,这幅可见图像才呈现了一种特定形状。对于这样的视觉谜题或光学错觉来说是这样,对于世界中环绕在我们周围的那些形状来说也是如此。随着持久的努力,维利里奥固执地认为,我们周围的世界可以提供各式各样的知觉可能,尽管我们可能会邂逅的"形抗"或许仅仅是昙花一现:"世界之间(the between-world)的视觉非常脆弱……形抗仅仅在如下情形才持续留存,那就是只要这种努力得以维持,继之其后形状领回它的界桩(stake)。"(Virilio 2005a:31)对维利里奥来说,重要的是他的画家生涯如何训练了他处在这种持久努力的艺术中,这种艺术涉及的是于形状之间观看或者注视,如此一来,以致通常可能被隐藏的东西突然被带进了白日之光。绘画艺术的宏大目标(goal)是"使不可见(the invisible)可见"(Virilio 2005a:33)。

图2

24　　视觉的空隙

　　正如已经表明的那样,这种对形抗、在-之间或不可见的审问之目的,并不纯粹是美学(/感性学)上的,还有某种道德性的和某

种政治性的因素(an ethical and a political dimension)在里面。我们对那些习以为常的形状和观看方式的专注,可以说与一种整体文化政治(a whole cultural politics)有关,这种政治赞同的是相同(sameness)高居于差异(difference)之上。维利里奥提出以下说法:"在我看来,形抗之蚀(eclipse),是一种来自统握的帝国主义(a sort of imperialism of apprehension)之后果。视觉,我的视觉,就像西方文化(Western culture)一样,正在摒弃根据、边缘、差异。"(Virilio 2005a:32)将知觉政治化,这可能看起来令人吃惊。我们发现这很容易接受,也就是说对社会现实情况的各种更宽泛理解都是政治性的(例如,我们从其他文化或阶级的角度来看待那些情况)。我们知觉到诸显相的世界,其基本方式恰恰可能是政治性的,这也许不太容易得到承认。在此语境下,维利里奥谈到了视角始终以某种层次为基准而被建构起来的方式:"视角仅仅是反映知觉的一种层次,而有多少关于世界、文化、生活方式的视觉,就可能有多少视角。"(Virilio 2005a:35)在涉及观看或注视时,我们倾向于将视角考虑成某一对象深层次上的显相。要不然,我们就将它考虑成在一个二维表面上对诸多三维物体和深度关系进行再现的手法(例如,就像在文艺复兴绘画中)。当然,这样就暗示了把空间作为数学上可测量的广延来构想,也就是说,把空间作为那种抽象的或理论性的理解来构想,而这正是维利里奥的现象学取向所要避免的(维利里奥的现象学取向赞同的是身体知觉的活生生空间性)。因此,人们不应该把维利里奥在视角的政治和层次方面的那些陈述与任何科学命题或准科学命题混淆在一起。他并不认为,他所援引的多重的和受文化制约的视角在科学上(scientifically)与那种(几何学上可测量的)诸物体在深度上的再现的视角念头具有同等价值。不过,他很可能认为,我们的文化决定了普适有效的、几何学性的视角念头凌驾在具身知觉的那些丰富相异视角之上,这是一种充满文化价值和政治色彩的事实。无论怎样,我们的视角习惯都不是中立的或无关价值的。

维利里奥在《否定视限》开头关于绘画的诸多评论,正如它们同时被以现象学和格式塔心理学的理论关注和理论见解所告知的那样,相当清楚地表明他对世界的总体取向不应该与关于社会现实情况的任何直截了当的再现相混淆或相合并。它们也不应该与传统的政治学分析或社会学分析混淆在一起。倒不如说,他的写作首要围绕视觉和观看的问题而定位自身。正如已经显示的那样,这与身体的情境之问题(the question of the body's situatedness)紧密相关,与身体在空间中移动是分不开的。也与结构日常知觉的各种符码、形状或习惯是分不开的。克劳德·巴夯,维利里奥在《建筑原则》评论上的合作者,用以下措辞描述了维利里奥这个人以及他的研究工作:

> 保罗·维利里奥是一位现实之审稿人(a reader of reality),一位阅读现实(the real)的大师,他不是这方面的分析家,而是一位创造者。他在当下追踪将来。他分类,他挑选,他归拢到一起;在他手中,最微小的指示物件件都是推翻当下之层次(the hierarchy of the present)的证据;他是一位将来考古学家(an archaeologist of the future)。
>
> (*Architecture Principe*, 6, September-October 1966,
>
> in Virilio and Parent 1996)

作为一位"现实方面的审稿人"(reader of the real),维利里奥并不是简单地描述或分析某种程度上被构想为共有诸空间、事物、事件的一种客观给定的那种现实。他在具身知觉和形抗上的兴趣，导致他对那些公认的观看方式和理解方式表示怀疑，为的是"实证地去重新使用（positively to reinvent）我们关于世界的视觉"，以便我们可以"变更（change）我们的视景"和"变更我们的生命"（Virilio 2005a：38）。在随后的章节中，将变得显而易见的是，维利里奥对技术发展的记述和对当代战争、政治和文化的记述有时看似相当消极。然而，重要的是，要在这里所勾画出来的各种概念知觉策略（the conceptual and perceptual strategies）的语境内，去理解他写作的这种表面消极性。维利里奥深信，"将决定明日的新颖性和独创性的所有东西，已经在那一片刻展示出来，掩盖在每个人的日常视觉中"（Virilio 2005a：29）。在他对"视觉空隙"（interstices of vision）审问时以及对知觉的政治（the politics of perception）和公认的注视方式追问时，他旨在去揭露在我们当代经验内那些被忽略或被隐藏的现实。他的假定是，今天那些被隐藏或被模糊的现实很可能定义了我们集体性的将来经验。最重要的是，维利里奥这么做不是为了哀悼某种过往的前技术时代。他的追问旨在使我们能够就我们时代主导性的技术趋势展开与众不同的行动与思考。

26

　　总而言之，维利里奥竭力探索的目的在于，提取他所描述的那些隐藏的身体经验层和身体知觉层，它们与他作为画家时的工作成果有关，并在他作为都市主义者的思考中被肯定。他希望"重新发现触及、行走方面的触及……另一种达超临界（divergence）的全部迹象，对实物（the physical）、对物质（matter）的一种返回的全部迹象，对身体和世界的一种重新有形化（／重新物质化）（rematerialisation）的种种迹象"（Virilio 1999：49）。这样一种竭力探索，就像绘画一样，既是艺术上的，同样也是批评性的，并且，正如克劳德·巴夯指出的，与其说它是严格分析性的，不如说它是更具创造性的。维利里奥把他自己描述成一位"技术方面的艺术批评家"（art critic of technology）（Armitage 2001：25）。任何对他文本的解读，都只不过是将它们解读为关于现代技术、战争和社会的一系列经验主义命题或理论命题，很有可能庄重地错误译解（gravely misconstrue）这些被提出的见解之本性，并拙劣地错误把握（badly misunderstand）它们的论述修辞威力（discursive and rhetorical force）。维利里奥的写作首要告诉我们的是，我们需要仔细考虑我们注视到世界这一方面，我们需要怀疑我们那些公认的观看方式，并且密切注意身体经验。这样一种写作，试图揭露"我们的沉默生活"，揭示可能隐藏在可感世界的那些传统形状和形象背后的东西。正是这样一种写作，作为将关于世界的那些共有知觉加以编码和重新编码的种种新异方式的代表，要求与现实的一种与众不同的邂逅。

小　结

维利里奥主要专注于技术与身体情境的关联。他感兴趣的是，知觉是如何通过身体在其实物技术环境（physical and technological environment）内的定向来结构的。这种专注在他早期建筑学家和都市设计者的研究工作中是显而易见的，而且也体现在他的画家生涯中。他对他早年画家生涯的评论，凸显了支撑他整体写作的那些关键哲学理论视角（the key philosophical and theoretical perspectives），也就是现象学和格式塔心理学的那些视角。这两类视角都导致维利里奥拒绝那些习以为常的观看或理解世界的方式，以便审问可能隐藏在视景之外的那些知觉层和经验层。传统的观看方式和理解方式可以被看作负载了价值，并且抑制了我们介入知觉生命的丰富与

27

相异之能力。维利里奥技术取向的表面悲观态度及其在社会政治变革(social and political change)上的冲击，需要在肯定身体经验的语境内加以理解。维利里奥的写作应该比照他对一种知觉政治(a politics of perception)的信奉来看待，这种知觉政治旨在揭露掩盖在当下之内的那些可能的将来。它使我们能够对技术和技术思维为它们自己所提出的那些宏大目标作出批评性的或者不相容的回应。

2

速　度

29

竞速学、速度-空间和光-时间

　　维利里奥可能是最广为人知的速度思想家,他对"速度科学"(science of speed)也就是"竞速学"(dromology)的践行,为人所共知。"dromology"(竞速学)和诸如"dromoscopy"(竞速复制)、"dromosphere"(竞速层)这样的术语都是由维利里奥创造的新词,它们派生自希腊语"*dromos*",其意思是赛跑或者跑道。当然,"科学"一词在这里不应该与自然科学或物理科学相混淆,而应该把它理解为一种认识形体、纪律或方法论活动(a body of knowledge, discipline or methodological activity)。因此,竞速学是这样一种认识形体,它专门关注由速度引起的现象,或者准确地说,专门关注速度决定或限制诸现象如何向我们显现。根据维利里奥的说法,我们无法正确接近社会、政治或军事历史的现实(the reality of social, political or military history),除非我们首先认识到社会空间、政治空间和军事空间在一种决定性的和基础性的层面上是由移动介体(vectors of movement)和这些移动介体所能达到的传递速度来塑造的。

　　强调移动和传递速度是塑造社会政治空间(social and political space)的关键性支配力量,这使得维利里奥有时提出惊人的主张。例如,在《速度与政治》(*Speed and Politics*)中,他坚决断言"没有工业革命",只有一种"速主革命(dromocratic revolution)";没有民主,只有速主(dromocracy)"(Virilio 1986:46)。他在诸如《否定视限》的作品中坚持"移动统治事件",决定现代社会中的移动的日益增加的速度"导致了那些传统政治结构内爆(implode)"(Virilio 2005a:105,60)。无论这些坚决的断言乍一看多么令人震惊或专断,它们都是在一种更为普遍的论证的语境内被制造出来的,这种论证是以一种相当系统化的式样发展出来,贯穿了维利里奥从1970年代起一直到今天的写作范围。在与媒体理论家弗里德里希·基特勒(Friedrich Kittler)的一次对谈中,他总结了自己的观点,即当代全球社会已经撞上了一堵"加速之墙(wall of acceleration)"(Armitage 2001:97-8)。该论证如下:迄今为止,社会发展根据的是一种运输与传播二者的速度的日益加速之逻辑;我们已经从马背时代或马拉运输时代转移到铁路时代,从电话时代转移到无线传递时代,再到电视和数字或信息技术时代。每一个时代的"进步"与前一个相比,已经隐含地通过新技术手段所给予的加速传递来定义:火车旅行快过马拉运输,飞机快过火车,数据的数字传递超过之前的技术所实现的传递速度。维利里奥的观点(contention)是,当代社会正在到达一个临界点,在这个临界点上,进一步的加速或许不再可能。如果在互联网或数字卫星通信时代,信息几乎可以瞬时传遍世界;或者,如果像规划设计者和航空工程师所期望的那样,高超音速飞机很快就能在大约两个小时内环越地球,那么社会会不会达到一个加速之任何将来进步都不可能的地步? 对于已经达到这

30

样一个阶段的社会来说,会有什么更广泛的可能影响? 至少,这就是维利里奥正指出的事态,以及当他在谈到我们的社会站在一个极限处或加速之"墙"上时他所提出的问题。

因此,速度是这样的元素,它将维利里奥关于现代技术在知觉方面以及在社会、政治和军事发展(social, political and military development)方面的冲击的所有写作统一起来。对维利里奥来说,它既是集体性的经验得以展开的媒介,也是支撑这种经验的历史变化力度(the historical dynamic)的某种关键原动力或驱动力。速度,正如他从典型夸张的角度所表述的,是"一种命定(destiny),与此同时,还正在成为一种命定化(destination)"(Virilio 2005a:42)。接下来的几章将就他特定的批评性关注(分别是经验的合身虚拟、战争、政治和艺术)更详细地探讨维利里奥"竞速学的"(dromological)思想的范围。不过,值得强调的一点是,速度不只作为一种或多或少无所不在的决定着的因素,贯穿维利里奥思想和写作的主干。它也是塑造他思考和写作的一种关键因素。本章将在维利里奥的理论视角内进一步探讨速度的基础地位,而且还将凸显竞速学思考和写作它们本身是如何受一种修辞风格或论述风格统治的,这种风格直接起因于由速度引起的经验及速度在知觉方面的冲击。

速度-空间和竞速层

正如前一章所指出的那样,在维利里奥的写作中,速度所给予的基础作用植根于他的现象学取向,而现象学思想把重点放在身体在其实物环境内的位置和定向上。诸事物的世界首先是作为一种即刻知觉世界(a world of immediate perception)向我们显现。这就意味着,关于我们视觉场域中各种对象的统握是由这些对象相对于身体各式各样的移动所经受的那些移动所致。此语境下的空间,可以回想一下,它不是三个维度的几何空间或延展空间。不如说,它被从如下角度来看待,即可以被称为一种居先的"空间性",严格地局限于可感显相的世界。因此,对维利里奥来说,这个现象学空间首要是由相对移动以及这些移动的相对的或变化着的速度来定义的一个空间,也就是说,由加速和减速的支配力量来定义的一个空间。在 1984 年的作品《丢失了的维度》中,他用如下措辞来表达:"加速和减速……是空间的仅有维度,反映的是一种速度-空间(*speed-space*),一种竞速层空间(dromospheric space),这样的一种空间将不再被定义为化学上的物质性的和物理学上的广延性的(*substantial and extensive*),如体积(volume)、质量(mass)、密度(density)……广延或表面"(Virilio 1991a:102)。这明摆着不是几何学或者牛顿物理学所固有的空间。确切地说,速度-空间和竞速层之生存,需要比照两个决定着的因素,纯粹从现象学角度(*in purely phenomenological terms*)来理解:第一,诸事物或知觉到的诸对象之移动,它与身体之移动有关;第二,光(太阳光、电光等),它为知觉照亮了那些对象,因此充当了视觉可能性之条件。

　　在许多不同的场合,维利里奥坚持认为,速度本身不是一种现象,而是现象之间的一种关联(例如 Virilio 1994b:74, 1999:14, 2000d:45)。他甚至比这更进一步,认为速度是一种环境或一种处境(Virilio 1999:14)。速度通常可以相当直接地被当作空间中某个物体的移动的相对速率、该速率的度量,或者被当作简单的动作快度(rapidity of motion)。一如以往对待维利里奥的思想那样,我们需要突破我们通常看待或理解他研究工作所用关键术语的方式之局限,来掌握这些术语对他来说的含义。在《开放天空》(*Open Sky*)中,他尽心竭力将自己对速度的理解与其日常含义区分开来:

"就实际效果来看，速度并不唯独使我们能更容易地移动，最重要的是，它让我们能够去看到、听到、知觉到，从而更密集地(more intensively)构想当下世界"(Virilio 1997a：12)。从这个意义上讲，速度就它让我们能够去看到来说是实现着的，但就它决定了诸事物向我们显现的方式来说则是限制着的，或者正如维利里奥在《极惰性》中指出的，"诸现象的真相总是被它们的突然出现(sudden appearance)[涌现(*surgissement*)]的速度所限制"(Virilio 2000d：82)。

为了理解这里的攸关所在，乘坐火车或汽车迅速旅行的例子可能会再次有所帮助。我们在上一章看到，维利里奥自己婉转提到过火车旅行者眺望风景的经验。在《否定视限》的"竞速复制"一章中，这种对视觉和移动的分析以一种更加扩展的方式发展起来，涉及的就是男性或女性汽车旅行者透过行驶中车辆的挡风玻璃往外看时的那些知觉。维利里奥的描述相当详尽，值得引用：

> 风景的地面部分(ground)[底基(*fond*)]上升到表面，各种无生命的物体从地平线(/视限)下被挖掘出来，并依次渗入挡风玻璃的釉面，透视变得活跃起来，没影点变成了一个发作点(a point of attack)，向偷窥者－旅行者发送出它的投射线，这种连续体(continuum)所设法争取的目标变成了一个焦点(a focal point)，向被风景的进展所吸引的眼晕了的观察者投射它的光线。一种似动(apparent movement)的生成轴突然通过这个机器的速度显形(/物质化)(materializes)，但这种具体化(concretization)是完全相对于此时此刻来说的，因为在挡风玻璃层上投射出它自身的物体也会像被知觉到的那样迅速地被遗忘，被存放在道具室中，它很快就会消失在后车窗中。
>
> (Virilio 2005a：105)

按照维利里奥的说法,这是"速度变态成(metamorphoses)诸显相"(Virilio 2005a：105)方面的一个关键例子。有趣的是,他又一次将绘画语言与完形心理学施展运用到对《否定视限》的推进中(确切地说是在提及"ground"时,或者以法语表示就是"*fond*")。汽车旅行者将风景知觉为一种背景,各种轮廓在其衬托下浮现或显明它们自身,这一背景并不固定,相反它本身是移动的。在这个移动的视限的衬托下,诸轮廓"旅行",就仿佛一个接一个地横穿视觉场域似的。如果我们通常从如下角度来思考深度视觉,即一系列固定的线条,当它们后退到远处时,聚集于一点(古典透视的"没影点"),那么我们在这里面临的就是一种相当不同的经验。哪里应该有一个稳定的或不可移动的没影点,哪里就会有各种移动线条和形状的一种连续浮现(a continuous emergence)("一个发作点")。哪里有如下情况发生,即沿着透视线而排列的各种轮廓或形状通常会保持固定不变,或者随着一个知觉着的身体逐渐靠近而缓慢放大,哪里就仍然有一种对它们的抛掷或投掷横穿视觉场域。这就是一种"竞速复制"方面的经验,汽车挡风玻璃成了一个"竞速透视镜"(dromoscope),它"显示各种无生命的物体,它们似乎被剧烈移动激活了"(Virilio 2005a：105)。作为一种经验,它完美地证明了,对维利里奥来说,速度如何是现象之间的一种关联,又如何决定了它们的"突然出现"(涌现)之真相。不断变化着的风景仅仅在身体的那些相对移动中和身体所知觉到的各种对象的那些相对移动中作为一种显相场域或视觉场域(a field of appearance or vision)而本构。身体向前飞驰,而这些如果身体静止就会显得固定下来的物体,被带入迅速动作的错觉中。如果这些物体本身在移动,它们的出现就会有所不同,这取决于它们与车辆约束体(the vehicle-bound body)轨迹的关联。所有这一切,也许只是在说显而易见的事实。不过,当我们直截了当地把这样一种经验纯然看作是空间中的迅速动作时,我们所忽略的是,速度在虚拟场域的结构化中所起的恰当的本构作用(the properly *constitutive* role)。

对维利里奥来说,这个初次感上的空间始终是一种速度－空间。经验由竞速复制引起,也就是说,由视觉在迅速动作中被结构或被本构引起,这突出表明了视觉空间是如何依赖关联于身体所知觉到的各种对象的身体或多或少的迅速动作的。然而,维利里奥也固执地认为,竞速复制方面的经验在某些方面截然不同于可以走路、慢跑或通常在自然环境中缓慢地前进的身体方面的经验。由竞速透视镜上高速动作中的诸事物引起的经验不仅塑造了它们显现之情况,而且还修改了我们与它们的关系。它们再也不能在它们的"展相固定性"(fixity of presence)中被感受到、被触及到或被邂逅到,因为它们仅仅作为疾驰而过的诸对象、转瞬即逝的诸形状向我们显现,它们在它们正在显现的那一刻就开始消失。对维利里奥来说,这种与诸事物之展相有关的固定性的丧失也是它们的可感现实的丧失,并且在某种程度上是旅行者所经历的一种欺骗:"因此,竞速复制,近乎悖论地是对那逗留的东西的来临的等待:在挡风玻璃的屏幕上鱼贯而过的树木全都[是]现实的顶替品([are] all substitutes for reality),这些似动仅仅是伪像(simulacra)罢了"(Virilio 2005a:115)。维利里奥使用术语"伪像"来描述竞速透视上的诸形状的短暂本性。伪像是原件的一种不完美或很差的复本,它看起来是一种不真实的或模糊的假象(semblance)。接下来的一章将更全面地探讨由速度引起的伪经验所带来的展相的丧失或减少。

在现阶段,我们仅需要注意,竞速复制更清楚决然地揭示了空间,即可感显相的现象空间,是一种速度－空间。速度作为相对移

34

动,可以说是,当诸事物在任何视觉场域中显现时事物之间的一种中介化形式(a form of mediation)。它是诸事物之显相得以发生的元素。当塑造速度-空间的"竞速层"的第二个因素被考虑在内时,换句话说,当为知觉或视觉照亮了诸现象的光之速度(the speed of light)被考虑在内时,这一点或许才在一个更基础的层面上是适用的。在《极惰性》中,维利里奥就光是如何由竞速层即能见度空间来本构的提出了他最为扩展的记述。在此语境下,他还使用了诸如"速度之光"(the light of speed)或者"发光的速度"(speed which lights)等短语。这些短语能够言表出一种——也许是相当奇特的——对往往可能会作为"光速"(speed of light)而被理解的东西的修正。在物理科学领域内,光之速度是这样一个普适常数,它是指光穿过真空时的行进速度,并且被精确定义为每秒 299 792 458 米。穿透我们的环境或大气层的光,从天空向下辐射的光或者从灯泡、阴极射线管、霓虹灯等发出的光,当然不会穿过真空。在这里,比以往任何时候都需要谨慎地将维利里奥思想的现象学语域与科学的语域区分开来,尽管,或者正是因为,事实上,像"速度之光"这样的念头可能与反映"光速"的那个科学上决定了的常数有所关联。在此语境下,视觉和知觉的这种空间,就它是光或者更准确地说是第一时间使得诸事物对我们可见的光之速度(the speed *of* light)(也就是光所固有的速度或属于光的速度)而言,它是一种竞速层。这使得维利里奥在《极惰性》中能够作出如下声称(claims):"它是**速度**(SPEED),它点亮了可察觉可测量诸现象的宇宙(the universe of perceptible and measurable phenomena)"或者"光仍然是可感诸显相独一无二的揭示者"(Virilio 2000d:45,55)。

　　这再一次意味着,速度,上述情况下的光之速度,既是实现着的,又是限制着的。它是诸现象的能见度的可能性之条件,但正因为这样限制了它们可能显现的方式。为了理解这一相当困难的构想,进一步的例子可能会有所帮助。在整本《极惰性》中,维利里奥明确而频繁地提及科学思想和科学发现,尤其是提到阿尔伯特·爱因斯坦所给出的相对方面的理论(the theory of relativity)。他确切感兴趣的是,爱因斯坦见解的方式修改了物理宇宙被构想的方式,标志着对牛顿宇宙观的一种突破。爱因斯坦发现的普适常数C(光穿过真空时的速度)修改了任何观测者(any observer)与可知觉的诸现象(perceivable phenomena)之间的关联,当然众所周知的是,修改了关于空间和时间的科学构想(产生了爱因斯坦空-时[Einsteinian space-time],它被理解成一个时间坐标与三个空间坐标的四维连续体,任何事件或物体都可以在其中被定位)。

维利里奥的特殊兴趣在于,这种转变的后果之一是这样一种事实,即物理宇宙内的任何科学观测行动都只能在观测者(the observer)与被观测者(the observed)的一种时间空间上的约束关联(a temporally and spatially bound relation)中发生。一种观测可能会产生不同的结果,这取决于知觉者(the perceiver)与被知觉者(the perceived)的相对位置。(就两者的移动[movement]而论,这有着特殊的意涵。)对远处恒星天体(stellar objects)的光学观测可能是这方面一个熟悉而易懂的例子。望远镜能够注视到的宇宙越远,它能够看到的时间就越古老。随着宇宙的膨胀,宇宙内的所有恒星和其他天体都远离地球,也就是说,远离观测点。由于光之速度是一个常数,并且由于所牵涉的距离如此之大,天体越远,它发出的光到达望远镜所用的时间就越长。这意味着,我们看到的来自太阳的光可能需要八分钟才能到达我们,而我们是在八分钟前看到太阳的。来自最远处的天体的光将花费数十亿年的时间才能到达我们,因此我们能够看到数十亿年前的这些天体。这就开启了这样的可能性,即为了看得更远,科学家们只不过通过发展技术手段(the technical means)就可以探索早期宇宙的那些事件。这里的观测与时间空间时隔(the temporal and spatial interval)是不可分割的,而时间空间时隔是由观看者(the seer)与被观看者(the seen)的相对位置来标记的。这个例子证明了,在后爱因斯坦宇宙中,观测者与被观测者如何总是相对于彼此而被定位的,以及观测的这种相对性(relativity)是如何植根于使得观测得以发生的反映光之速度的那个常数中的。正是来自科学领域内的这一发现,为维利里奥的"竞速层"构想供应了底见(the grounding insight)。在《极惰性》

36 中,他以如下方式定义了这个术语:"这个'**竞速层**'(DROMOS-PHERE),[是]相对于那种有限绝对的光速、那个普适常数而言的诸速度之活动范围,它决定了符合科斯摩斯逻辑的视限(the *cosmological horizon*),也就是说,决定了天文诸显相的能见度圆锥(the cone of visibility of astronomical appearances)"(Virilio 2000d:45)。那么,就其受到光之通过(the passage of light)的限制并因此受到光行进时的速度的限制而言,竞速层就是"反映诸现象那特有现实的知觉活动范围(the sphere of perception)"(Virilio 2000d:52)。维利里奥坚持认为,正是速度使得我们能够去看到,而且所有的相对速度,例如光穿过大气层时的相对速度,可以传递某种电视影像、卫星影像或数字影像的光电波的相对速度,都被认为是相对于光穿过真空时的速度所决定的那个常数来说的。

在此尤应注意分辨维利里奥从科学语域和科学理论(爱因斯坦的理论)向专注于即刻知觉的现象学语域转变的方式。正如已经显示的那样,维利里奥确实从科学中获得了这样的发现,即诸现象之观测受到观测者与被观测者的相对时空定位(the relative spatio-temporal positioning)的限制。他这样做是为了凸显速度在现象显相的照明(the illumination of phenomenal appearance)上的重要性,并发展他自己关于竞速层的现象学概念。然而,他在《极惰性》(以及其他重要作品,如《视觉机器》和《信息炸弹》[*The Information Bomb*])中的最主要兴趣在于,像电视、直播卫星广播、视频监控,或者对众多微小空间或亚原子空间的观测,这样的新技术如何以一种与众不同的方式"照亮"世界以及转换我们关于空间和时间的(纯属现象学的)统握。所以,如果维利里奥确实提到了科学理论,那么他这样做是为了重新回到他现象学观点的主导基调。

毫无疑问,正是这种从一个语域到另一个语域的转变,使维利里奥博得了阿兰·索卡尔(Alan Sokal)与让·布里克蒙(Jean Bricmont)的谴责,他们二人在 1998 年出版了一部颇具争议的书,题为"知识骗局"(*Intellectual Impostures*)(Sokal and Bricmont 1998)。在献给维利里奥的那一章中,他们认为他对科学的引用,确切地说,对爱因斯坦相对论(Einsteinian relativity theory)的引用,对空－时的念头和牛顿物理学的基本原理的引用,是"混杂不清的(confused)"和"从基础上说晦涩难懂的(fundamentally meaningless)"(Sokal and Bricmont 1998:159)。他们对维利里奥的介入,可以说是他们对哲学语境视而不见的症状,是这些哲学语境支撑了他们所批评的各种不同人物的思想,这种无视在科林·戴维斯(Colin Davis)(Davis 2004:27)与美国批评家阿尔卡狄·普朗内斯基(Arkady Plotnitsky)(Plotnitsky 2002:112-13)等人当中得到了很好的凸显。正如已经指出的那样,维利里奥当然确实谈到了科学理论,尤其是爱因斯坦的相对理论(Einstein's theory of relativity)。然而,我已经强调过的是,他写作的主导语域不是科学的,而是现象学的。他在即刻诸显相层面上审问感知觉,根据上一章所讨论的胡塞尔的现象学视角,这一层面先于那种形式性的、数

37

学性的科学抽象（the formal, mathematical abstraction of science）。
如果没有这种对现象学和对感知觉的审问的关键参照，维利里奥
的写作可能会显得混杂不清，对某些人来说从基础上就是晦涩难
懂的，但这与其说是他滥用科学理论的症状，远不如说是那些攻击
他涉嫌滥用的人的哲学视野（philosophical horizons）狭隘的一种
结果。

　　索卡尔和布里克蒙对维利里奥的批评不仅揭示了他们欠缺与
他的哲学背景的关键特征有关的知识，而且，更重要的是，这使得
他们异乎寻常地无法识别或解释这里已经辨别了的科学理论语域
与现象学描述语域之间的转变。当维利里奥谈到"速度-空间"、
"光-时间"（light-time）、"速度之光"时，确切地说，他并未指向科学
概念，而是再一次地谈论在我们关于可感显相世界的即刻知觉中
所经验到的空间性和时间性。维利里奥对速度-空间和竞速层的
记述在这里已经被据理认为，首先需要从诸对象的移动在任何视
觉场域的本构化中的重要地位的角度来理解，其次则是从照亮了
第一种情况下的视觉场域的（光之）速度的角度来理解。正是从这
样的竞速学视角出发，维利里奥才能着手处理新的（运载和传播）
技术对知觉的冲击。尤其是，正是从这一视角出发，他才能着手处
理这些技术已经开始转换我们集体性的空间时间经验的方式。

光-时间

　　维利里奥对竞速层和速度-空间的思考，伴随着一种重新思考
时间经验可能被构想的方式之尝试。对维利里奥来说，如果速度
成为可察觉诸现象的空间世界向我们显现的元素或处境，那么它
也必然会转换我们考虑时间的方式。因为，按照现象学观点，知觉
必然总是作为一种活生生的经验而发生，在这种经验中，空间性和

时间性是不可分离地彼此息息相关的。在此语境内,维利里奥辨
别出从所谓的"设时时间"(chronological time)到"光−时间"的一个
转变。我们都很容易明白我们对时间经验的日常理解。我们处于
我们所感受到的一个当下时刻或一个"现在",在其中,我们正陷入
一系列的过去时刻,并且正目标明确地前进到一个将来时刻或"现
在"。我们可以很容易地把这种经验转译(translate)成以小时、分
钟和秒来计算的设时时间。从现象学视角来看,这种时间流逝方
面的经验或者绵延方面的经验与知觉到的诸对象之显相亲密联结
起来,正如胡塞尔在他1907年的演讲《事物与空间》中所表明的那
样(Husserl 1997:55)。根据胡塞尔的观点,形成可察觉诸显相的
基准的感性数据流(the flow of sensory data)具有一种无时制的归
序(a tenseless ordering),仅仅在有意识的经验的时间性(the
temporality of conscious experience)中才变得有了时态。在我们关
于当下的统握中,我们保留了关于即刻过去的那些感觉,正如我们
对诸多将来感觉有所预期一样。我们关于一个当下时刻或"现在"
的经验和关于时间流逝的经验,因此只有以这种某一即刻过去之
滞留(retention)和某一将来可能性之预期(胡塞尔称之为前摄
[protention])为基准才有可能发生。胡塞尔会据理认为,我们所认
为的线性时间或客观时间,也就是说,用科学来思考和衡量的时
间,在本性上始终是次要的,正如空间作为三个延展维度之构想相
比于我们关于空间性的具身经验而言是次要的一样。对维利里奥
来说,一旦我们开始将空间考虑成一种速度−空间,或者考虑成一
种由速度之光来"点亮"的竞速层,我们就还需要以一种微妙修改
过的方式来思考绵延和设时时间的这种结构。在《极惰性》中,他
用以下措辞来表达:

> 从今以后我们需要将过去、当下和将来之设时"移动"同
> 加速和减速方面的诸现象联系起来……，速度上的各种变化，
> 与照明方面的那些现象结合在一起，与物质方面的广延和绵
> 延的一种曝光（exposure）结合在一起，与白日之光结合在
> 一起……就实际效果而言，（绝对）速度的秩序是一种光的秩
> 序，在其中，三种经典时制在一个与设时学（chronology）的系
> 统并不完全相同的系统中被重新解释。
>
> （Virilio 2000d：38）

时间，维利里奥坚决断言，再也不应该被理解为与过去、当下和将
来时刻接连发生有关的一种绵延秩序（an order of duration），而应
该被理解为一种"曝光"秩序，也就是说，诸现象被速度之光所点亮
的或者被暴露在速度之光下的那个瞬间的秩序。这个与一种"曝
39 光时间"（time of exposure）有关的新概念也许是维利里奥的概念中
最难解的一个。在摄影中使用的术语"曝光"可能会在这一点上有
所帮助。在该语境下，将摄影胶片暴露于光下，以便在胶片的化学
致敏表面生产出影像，这种行动会很容易得到理解。影像是由（相
机快门所控制的）光撞击在胶片上的那个精确的时刻或瞬间生产
出来的结果。如果光敏胶片暴露于光下的时间太长或太短，影像
将不会被清晰地打印出来（曝光过度或曝光不足）。摄影影像中各
种轮廓或形状之生存显然与这种瞬时曝光品质（this instantaneous
quality of exposure）密不可分。它们不传达某种绵延经验，因为它
们既无法记录曝光时刻之前的光之流，也不能记录对随后可能出
现的光之流的某一预期。对维利里奥来说，光-时间描述了这样一
种时间性经验（an experience of temporality），在其中，诸现象以摄影
曝光的方式被点亮。我们在它们暴露于光下的那个瞬间中知觉到

可感诸显相，就像摄影影像是在照相机快门所控制的曝光瞬间中形成的一样。这看起来似乎相当反直觉，因为我们毕竟确实经验到了绵延。比如，无聊和等待的状态很好地向我们提醒了这一点。维利里奥的观点也许是，如果诸现象不是首先在它们显现的那一刻暴露于光下，那么绵延经验将是不可能的。这意味着，绵延之广延本性（the extensive nature of duration），也就是时间在一种过去、当下、将来之结构中流逝的那种广延本性，有它的居先条件，那就是作为曝光之时间的光-时间的密集经验（the intensive experience of light-time as the time of exposure）。光-时间是密集性的，而不是广延性的，因为它，可以说是，仅仅处于那个显相得以发生的照明瞬间或照明时刻的密集度（the intensity）中，而如此一来也就成了一种反映时间空间上知觉到的诸形状的场域（a field of temporally and spatially perceived forms）。维利里奥在《极惰性》中写到，这是一种与速度或者与竞速层的速度-空间无法自拔地息息相关的时间，因为它是"这样的时间，就像空间一样，被暴露在反映速度的普适常数的那种光之下"（Virilio 2000d：53）。

竞速学

既然如此，对维利里奥来说，诸如竞速层、速度-空间和光-时间这样的术语就是在从速度视角重新思考时间空间经验（temporal and spatial experience）这样一种更宽泛尝试的语境内使用的。尽管他主要参照了像爱因斯坦相对（Einsteinian relativity）这样的科学理论，但他这样做是为了表明这些理论如何可能允许或激发新概念创造在一种现象学语域中发展起来，这种现象学语域与科学无涉，而与即刻知觉的领域有关。在此语境下，像爱因斯坦的"空-时"这样的科学概念让位于"速度-空间"或"光-时间"，而"反映光之速

40

度的普适常数"的科学确定值让位于"恒定普适的速度之光"。这种术语的修改在语言上有一定程度的戏谑，但是如果我们要理解维利里奥在科学语域与现象学描述之间转变的方式，这就是一种需要非常严肃对待的戏谑。最重要的是，他发展出的新术语或新概念为他更宽泛地审问技术在个体经验或集体经验上面以及社会、政治或军事空间（social, political or military space）上面的冲击供应了基准。如果竞速学是这样一种认识形体，它关注的是速度决定或塑造诸现象之显相的方式，那么竞速层、速度-空间和光-时间可以说就是关键概念，它们给予这种认识形体以融贯性以及一定程度上的理论统一性和理论内聚力。

这是需要注意的重要一点，因为维利里奥的论述风格或论证过程方面的普遍模式（general mode of argumentation）不是系统化的阐述，也不是逻辑性的推理。相反，他的写作给人的印象是写得很快，而且伴随着很大程度的自发性。维利里奥的文本向读者展示了一系列来自极其相异的知识区域的轶事和见解、概念和引用，以此代替了任何系统化的阐述。他的文本是由浩如烟海的历史事实细节（historical and factual details）编织而成的，其中充斥着对政治家、批评家和军事人物的反复引用：克劳塞维茨、孙子、一位1960年代在街头骚乱后发表讲话的费城市长（mayor of Philedelphia）、丘吉尔、希特勒以及许多其他人。如果我们是初次阅读，维利里奥的文本可能会显得令人困惑或迷失方向，然而，任何坚持不懈而又细心严谨的读者很快就会意识到，在他貌似杂乱无章的取向中有某种程度的方法。维利里奥的思想是作为引用、事实、见解和理论诘问的一种积累来向前推进的，而不是对一种论证的逐步发展。他写作的这种积累方面很重要，值得注意，因为只有在关键术语的重复中，或者在同样的观点于不同语境的重复中，它才能获得一定程度的统一和内聚。从《开放天空》中抽取一个例子,可能有助于说明维利里奥论述风格的本性。

在下面这个段落中,他将讨论天文上的望远镜和射电望远镜的使用对我们注视宇宙的那些普遍方式所产生的影响。维利里奥尤其感兴趣的是,注视科斯摩斯(the cosmos)的那些不同方式是如何产生了相互竞争的理论的,例如,不断膨胀收缩着的宇宙的念头,历史上,它与大爆炸理论(the Big Bang theory)(即宇宙诞生于一次原始科斯摩斯式的物质爆炸[an original cosmic explosion of matter]的念头)相媲美。这个段落就出现在《开放天空》第一部分结尾一章中,该章题为"大比例尺光学"(Large-scale optics)。("大比例尺光学"这个术语将在下一章中更详尽地予以讨论。)这里所使用的专门用语和所采用的视角,都是对比如《否定视限》和《极惰性》这样的早期作品中所发展的术语和理论见解的一种明显重复:

> **放大,光学性的衰减**(Magnification, optical diminution [*Grandissement*, *rapetissement optique*]),由在星系光谱中观测到的红移得出的多普勒效应(Doppler effect),诸显相加速和减速方面的其他面额,在其中,**竞速层——速度之光——按字面意思点亮了可察觉的现实**,这样一种现实它的**立体凸纹** (STEREOSCOPIC RELIEF)已经引发了许多知觉障碍 (perceptual disorders),看起来,这最终有必要加以重视,因为"实物邻近"(physical proximity)这个特有念头面临着很快就会被从根本上修改的风险。**大比例尺光学,**允许测试最大的天文距离,但相反地也会有助于最近的实物邻近的失效。

> (Virilio 1997a:43-4)

41

纵观这个段落的严格文体面貌,而不是内容,我们可以立即注意到维利里奥写作的一种共同特征,即他倾向于强调关键词或关键短语,要么用大写字母来安排它们,要么用斜体来表示它们。他倾向于用大写字母来书写那些在他的理论词汇中占据重要位置的术语,因此这些术语可能经常跨越他的一系列文本而出现(例如,上述的"DROMOSPHERE"和"LARGE-SCALE OPTICS")。他还以一种更为外景拍摄性的方式,把他特别希望引起我们注意的那些术语大写出来(例如,"STEREOSCOPIC RELIEF")。斜体字的频繁使用加强了句子中关键元素的重要性,而且通常也给他的写作增添了一种着重品质。还有一点值得注意的是,在上面这个段落的法语原文中,维利里奥屡次忽略不定冠词"a"和定冠词"the"的使用(例如,"Magnification, optical diminution, Doppler effect","light of speed")。这就给予他的写作以一种电报品质,也就是说,一种突兀感(a sense of abruptness),而且也表明一种加快了的文本传达速度或文本通过速度。总的来说,这些方面都是维利里奥写作风格的典型特征:大写的术语和斜体的短语给文本带来了一种几乎戏剧性或爆炸性的品质,在文章的频繁省略中以及一个思想或见解向另一个的迅速通过中,文本作为速度思想的特有语言具身而显现出来。根据维利里奥的看法,这就仿佛,速度方面的经验所引发的知觉和悟性上的修改,其本身就体现在他书面风格的织物(the fabric of his written style)中。然而,与此同时,这样的写作受到一种醒目的继续性的支撑,无论是在它特定术语的使用中,还是在它潜在专注的千篇一律性中。例如,很明显的是,在上面引用的这个段落中,那些在《极惰性》和《否定视限》中以一定的篇幅发展出来的概念,占据了一个中心位置(竞速层、速度之光)。在科学理论语域(涉及科斯摩斯论[cosmology])与知觉语域(涉及"显相"、

"知觉障碍"以及关于邻近和疏远的空间经验)之间也再次出现了一种转变。

像这样一个段落,如果读者既没有密切注意到它被书写出来的方式,也就是说没有密切注意到它的电报风格、对大写字母和斜体字母的使用,也没有密切注意到这种风格是如何反映或体现了对渗透维利里奥所有写作的速度的主导性关注的,那么它就微不足道了。如果将这类段落简单地解读为一系列独立的命题或事实性的陈述,那么它们也可能会被误解。正如前一章末尾所据理认为的,维利里奥的研究工作旨在挑战观看和理解世界的那些公认方式。为了做到这一点,他发展出新的术语和概念,或者转换现有的术语和概念。只有在大量文本中重复和累积地使用某些新词这样的语境下,他的许多陈述才会有道理可循,或者才会带有一种融贯而又令人信服的威力。

这样说来,竞速学作为一种关注速度塑造或决定诸现象之显相的方式的认识形体,就是一种以概念性的重塑(conceptual re-figuration)和文体上的创新(stylistic innovation)为根据的研究工作,它以速度为指导主题(motif)。这里所讨论的竞速层、速度-空间和光-时间等概念,还有(and)维利里奥的论述风格,全都受到这样一种思想的激发,该思想旨在把速度理解成经验、正在冲向和悟性逐渐展露之元素或处境。正如维利里奥所说,竞速学是"一种隐藏的科学(速度科学),既是对生命科学的一种后勤补充,又是对生命科学的一种后勤增补(both a logistical complement and supplement to the science of life)"(Virilio 2005a: 132)。它不应该与生命科学、物理科学或自然科学相混淆,相反它有自己特定明确的那些关注区域,有它自己的论述方法和推进方式。在《否定视限》中,维利里奥写道:"它就是掌管生产的各种运输工具和通信工具,到了今天,竞速学显得像是一门其理论采用载具形式(the forms of vehicles)的科学"(Virilio 2005a:132)。对维利里奥来说,一种写作方式就是一种观看方式,并且视觉,正如已经显示的那样,它总是由一种移动介体或者由一种观看者与被观看的相对定位,由"速度之光"上的一种点亮来塑造的。在这里,一种载具就是塑造一种移动介体或者对准一种观看关联(a relation of seeing)的一种手段。很明显,它可以是一列火车或一辆汽车的竞速透视镜,也可以是一种写作方式,或者一块电视屏幕、一个电脑终端或视频监视设备。正是以这样的载具念头,维利里奥着手处理了竞速学的一个举足轻重的主题或关注点:活生生具身经验的合身虚拟或荒漠化([the] desertification)。

> ## 小　结
>
> 　　速度的问题贯穿维利里奥的研究工作,他的整体写作可以被认为是一种"竞速学"实践(a practice of 'dromology')。竞速学应该被理解成一种认识形体,它本身关注的是速度和速度决定或限制诸现象之显相的方式。竞速学作为一种认识形体,受到大量涉及速度的关键概念的支撑,最为重要的有"速度-空间"、"竞速层"和"光-时间"。速度-空间指的是一种原真的空间经验维度(a dimension of primordial spatial experience),它由各种相对移动以及那些移动相对的或变化着的速度来定义。就其既受到光之通过的照亮,也受到光之通过的限制而言,竞速层描述了相对于光之速度而言的诸速度之活动范围,这样就再现了能见度空间或者显相本身。光-时间描述了这样一种时间性经验,它由诸现象在它们暴露于光下的那个瞬间被照亮的

方式所决定。就其是在诸现象暴露于光下的那个瞬间中本构并由此变得可见而言，光－时间算不上是过去、当下和将来之广延性绵延，而是"密集性的"。需要注意将维利里奥的竞速学概念与科学概念区分开来。维利里奥的竞速学论述还以一种独特的风格书写出来，这种风格本身通常与竞速学的理论视角相适应。

3

虚拟化

载具、视觉机器与虚拟展相

45

上一章显示,维利里奥的写作不仅描述了速度塑造知觉的方式,而且也发展出了新的概念和论述策略。这些都对"竞速学的"视角引起的悟性上的转形化(the transformation)作出了回应。本章将审视维利里奥关于现代技术所赋予的传动(transmission)与传播速度的加速导致即刻展相的丢失和活生生具身经验的缩减的观点。这一主题从 1970 年代中期一直到现在贯穿维利里奥的写作,并且往往从天启式的(apocalyptic)或灾变式的(catastrophic)角度来表达。在某些方面,他的分析让人想起 20 世纪初意大利未来主义者颂扬速度技术时所详细阐释的视角。在 1909 年发表的《未来主义的创立和宣言》(The Founding and Manifesto of Futurism)中,马里内蒂(F. T. Marinetti, 1876—1944)坚决断言现代性可以被定义为一个速度时代,并宣告(proclaimed):"昨天,时间和空间死了。我们已经生活在绝对中,因为我们创造了永恒的、无所不在的速度"(Apollonio 1973:22)。然而,远不像马里内蒂颂扬速度的方式,维利里奥的竞速学对速度在知觉的正在塑造上的和社会或政治空间的正在塑造上的负面冲击提供了一种持久的记述。高速穿越世界的能力,无论它是凭借由运输工具所带来的加速迅速性(the accelerated rapidity)获得的,还是在电传播的瞬时性(the instantaneity of telecommunication)中获得的,都被从一种对世界的空间、体积或广延的否定之角度来看待。这从维利里奥在他最早的长篇作品之一《领土不安全》(The Insecurity of Territory / L' Ins Insecurity of Territ)

46　中所作的评论就可以清楚看到:"从现在开始一切都是极端的,在这种情势中可以感受到世界的末日(END),这种情势是由各种处境的超级传导性(the super-conductibility of milieus)所导致的,一如它是由各种手段的极度交互性(the hyper-communicability of means)所导致的那样"(Virilio 1993:264)。这样一种不变的迭句遍及维利里奥的写作,在最近的作品《恐慌之城》(City of Panic)中,他从非常相似的角度重复了一个迭句:"通过所有路径的恒定加速,我们陆地栖息地占比之缓慢微型化(the slow miniaturisation),就是世界之荒漠化的一种隐伏形式"(Virilio 2005b:113)。这反映了维利里奥的普遍观点,那就是一个加速速度的世界是这样一个世界,在其中有:"一种生存上的衰退(a decline in existence)"、一种"维度危机和再现危机(crisis of dimensions and of representation)"(Virilio 1991b:37, 50),或者一个正在迈入老年的世界(Virilio 2000d:76)。

正如第 1 章所指出的那样,人们很容易完全从表面上得出灾变论陈述的结论,然后假设维利里奥速度技术方面的论述无非是消极或悲观的。不过,已经被表明的是,他的写作有述行的一面(a performative aspect):它试图以一种与众不同的几乎挑衅的方式向我们揭示世界,试图暴露如若不然可能会依然隐藏的技术发展的

方方面面,以及试图供应反映悟性的新概念和新工具。上述那些
评论,或许最有趣的不是它们天启式的或灾变式的语调,而是运输
手段和传播手段变得几乎可以互换(almost interchangeable)的方
式:由高速旅行所造成的"各种处境的超级传导性"与由现代通信
所导致的"各种手段的极度交互性"别无二致。这看起来是对不相
容的经验的一种相当奇怪的糅合(conflation)。根据我们日常的思
维方式,借助高速运输手段在空间中迅速移动的能力完全不同于
借助现代电信手段在广阔的距离上几乎瞬时沟通的能力。在第一
种情况下,我们可以或多或少迅速到达某个地方;而在第二种情况
下,我们保持非常固定的位置。然而,这种日常理解却忽略了对维
利里奥的竞速学视角来说最为关键的一点,那就是,速度不是某个
现象自身,而是现象之间的一种关联。从这一视角出发,在空间中
保持迅速动作与保持静止不动却能够在远处看到或听到之间当然
有一个重要区别。然而,非常重要的是,在观看者与被观看者之间
的时间空间关系(the temporal and spatial relationship)已经被一种特
定的传递速度所修改(转瞬即逝的风景,屏幕上影像的展相,就在
近前却遥不可及,看得见却摸不着)。在《否定视限》中,维利里奥
提出以下说法:

> 从此只[有]一种中介化,不是载具、介体方面的中介化, 47
> 而是其速度方面的中介化;声像媒体(the audiovisual media)和
> 机动车(更确切地说,竞速可视[the dromovisual])之间,没有
> 什么区别;**诸速度机器**(*speed machines*),它们都通过速度的生产
> 来产生中介化。

(Virilio 2005a:116)

高速运输与瞬时或准瞬时电传播，只有就它们是同一个现象的不同方面来说时，也就是说就一个涉及竞速复制而另一个涉及被速度所介导的视觉来说时，才有所不同。上一章的最后提出，对维利里奥来说，一个载具不单单是一种自动化运输手段，在更宽泛的意义上，不如说它是在某个特定的传递介体和传递速度中观看或言表视觉的一种手段。维利里奥写作的天启式语调只能从"速度机器"（speed machine）的视角来接近或领会、判断或批评，而无论它是一种运输模式还是一种传播手段。更确切地说，他的那些灾变论声明都植根于他对诸速度机器在知觉的基础要素方面和在可感现实之显相方面的冲击的分析中。

虚拟展相

正如我已经指出的那样，知觉经验的"合身虚拟"是维利里奥研究工作中最持久和重复的主题之一。有鉴于此，在短短一章篇幅内，它不可能被详尽地探讨。那么，接下来的行文将首要聚焦于维利里奥在三部举足轻重的作品中提到的经验之虚拟化：《丢失了的维度》、《视觉机器》和《极惰性》。可以回想一下，前几章已经显示，活生生经验之"展相"，按照维利里奥采用的现象学视角，它如何总是被从一种首要的空间性和时间性的角度来看待，而这样一种首要的空间性和时间性是在诸现象对知觉来说的那种显相中本构的，或者与之一同本构。所谓的"实际展相"，也就是在一个视觉场域内可供触摸、使用或操纵的可感诸对象的表面即时性（the apparent immediacy），它只能以知觉着的身体的这种首要情境（this primary situatedness）为基准来思考。

维利里奥的观点是，诸速度机器从基础上修改了我们知觉到的方式。它们修改了"实际展相"本构上的不同空间时间元素（the

different spatial and temporal elements),因此重新结构了我们与可感显相世界的关联。前几章所给出的乘坐火车和汽车旅行的例子,已经以初步的式样描述了这种知觉上的修改。然而,据维利里奥的看法,诸速度机器的冲击绝不局限于迅速或高速旅行时竞速透视上的经验。更重要的是,他关心的是一个渗透各种速度机器的社会是如何导致了所谓的知觉方面的一种"电拓扑逻辑性的"正在结构(a 'teletopological' structuring of perception)的。"teletopological"又是维利里奥自己创造的新词,它派生自一对词根:希腊语"*tele*",意思是遥或远(distant or far)(如在"*tele*vision"或"*tele*communication"中),以及希腊语"*topos*",意思是地方或共同的地方(place or common place)。如果拓扑逻辑(the topological)与反映一个确定地方的现实有关,与反映其历史地质形状(its historical and geological form)的现实有关,那么"电拓扑逻辑"(the 'teletopological')就会与反映从远处被注视到的某个地方或形状的现实有关。在《视觉机器》中,维利里奥用以下措辞描述了实际展相之正在结构上的这种修改,再次提到了梅洛-庞蒂:

> 我所看到的一切,原则上,都在我够得着的范围之内(至少在我的凝视够得着的范围之内),它在"我能做"什么的地图上登记。梅洛-庞蒂在这个重要短语中所精确描述的东西,被一种已经变得稀松平常的电拓扑逻辑(teletopology)所毁坏。我所看到的东西的本质在我够得着的范围之内不再是有效的或原则上的,哪怕是在我的凝视够得着的范围之内,它也不再必须铭刻在"我能做"什么的地图上。
>
> (Virilio 1994b: 7)

"我能"(I can)的念头可以在胡塞尔和梅洛-庞蒂二人的研究工作中找到,它再次描述了知觉植根于实物身体的情境可能和情境定向中的方式。维利里奥认为,"电拓扑逻辑"(teletopology)导致了在任何虚拟场域中知觉到的东西与我们身体触摸、使用或操纵那知觉到的东西的能力的分离。这似乎是以一种相当复杂的方式指向了完全直截了当的或非常显而易见的某种事态:电视上播放的卫星广播画面,或者,比方说,一个现场视频会议中的那些显示在屏幕上的轮廓,它们作为可见的影像或轮廓,可以被视为可悟性化的,但是它们不能被触摸、被接近或者从实物上被介入。然而,一如既往,维利里奥邀请我们更加仔细地去审视这种经验,邀请我们去思考这类影像所引起的可感(the sensible)与可悟性化(the intelligible)的这种分离中可能会有什么危险。对他而言,他在研究工作中看到的是,可感经验的丰富上的或密度上的一种丢失或一种减少。在《否定视限》中,他用以下措辞来表达,声称这就好像

49 "速度现在攻击的正是诸质量之密度,就好像客观(the objective)突然变成了整个实物身体的耐久性和厚度"(Virilio 2005a:125-6)。当维利里奥谈及电拓扑逻辑(teletopology)或谈及虚拟展相而不是实际展相时,他指的正是诸实物身体之密度、耐久性和厚度的这种丢失。

这种关注最明显地反映在他对电影影像和他所谈到的术语"消相感性认识"(aesthetic of disappearance)的处理上。电影影像的例子可以提供一种有帮助的手段,以便理解维利里奥说到虚拟展相时究竟有什么攸关所在。在谈到电影时,他在"显相感性认识"(aesthetic of appearance)和"消相感性认识"之间作了一个区分。前者描述了我们与诸如绘画或雕塑这样的作品邂逅的方式,后者描述了我们注视到底片的那些影像的方式。维利里奥感兴趣的是一

座雕塑或一幅绘画作为一种凭借其物质性而持续留存于时间中的稳定形状是如何显现的。例如,米洛的维纳斯(the Venus de Milo)或蒙娜丽莎(the Mona Lisa)都保持原样(remain as they are),并且仍然是独一无二的和耐久的,是因为它们是由石头、帆布、油漆涂料和粉状颜料做成的。底片影像显现的方式则完全不同。没有这样的稳定性生存,因为它的材料支持不是固定下来的雕刻之石、油漆涂料或粉状颜料,而是赛璐珞在投射灯前通过时的迅速移动。作为影片的观众,我们拥有一种从一个正在通过的影像到另一个的继续感,因而拥有一种关于移动着的影像的经验。维利里奥通过参照现在已经过时的"视网膜暂留"(retinal persistence)理论解释了电影影像带给我们的移动错觉。这一理论曾被科学家们用来解释为什么我们将迅速接连出现的那些静止的影像看作是一种移动着的影像。这一假定就是,可视刺激物在它们消失后的几百毫秒内被存储在记忆中,并且这种滞留使得单个底片影像之间的那些黑暗时隔(the intervals of darkness)被填满。在前面的可视印象完全通过之前,每一个新的可视刺激物都会在眼睛上留下记录,因此会产生一种继续感,进而产生一种移动感。如今,影片所带来的移动错觉,是用所谓的"φ效应"(phi effect)来解释的。目前的看法是,视网膜中生存着某些神经元,它们专门探测移动,正由于这些神经元,而不是由于过去可视刺激物的滞留,一连串静止的影像似乎能够产生一种处在动作中的影像。对维利里奥来说,动作错觉或φ效应发生的确切机制并不那么重要,重要的事实是,雕塑或绘画上的一个稳定的、物质性的展相会让位于电影影像上的一种不稳定的、稍纵即逝的展相。电影影像的绵延就是它的正在通过或正在消失方面的绵延。

在《丢失了的维度》中,从显相感性认识到消相感性认识的这

50

一转变,被这样描述:

> 从凭借其静态形状而展示的一种**稳定影像**方面的显相感
> 性认识到凭借其(电影上的[cinematic]、电影摄影术上的
> [cinematographic……)飞行而展示的一种**不稳定影像**方面的
> 消相感性认识,我们经历了各种再现的一次伟大嬗变
> (transmutation)。注定要在它们的材料支持之绵延中持续留
> 存的各种形状与体积之浮现已经被其唯独的绵延为视网膜暂
> 留之绵延的各种影像所继任。
>
> (Virilio 1991a: 25-6)

这里的攸关所在,不单单是我们注视到不同类型的艺术上的一种
差异,而是观看的模式或方式上的一种差异,这种观看能够开始以
各种新的和也许未能预见到的或不可精准分辨出来的方式来结构
我们那些更普遍化了的知觉习惯。该论证认为,随着电影的到来,
集体经验着世界的诸多新可能浮现出来。对维利里奥来说,一种
消相感性认识是完全不同的,因为各种可见影像是在被再现出来
的物体的物质缺相(the material absence)中构成的,而最重要的是,
恰恰因为它们显相的那种稍纵即逝本性差异地结构了知觉的时间
性。在《视觉机器》中, 这是从电影影像被"对象化"(is
'objectivized')即被作为一种可见的轮廓或形状来实现所采用的
一种与众不同的过程的角度来讨论的:

> 影像对象化这个问题是不[在底片中]与纸或赛璐珞的任
> 何**表面支持**(surface-support)构成关联的,也就是说,指向的不是
> 某个物质参照方面的空间,而是与时间有关,**涉及的是这样一**

种展览时间,它,允许观看或剪辑观看(*to this time of exposition which* allows or edits seeing)。

(Virilio 1994b：61)

这一提法直接使得前一章中所讨论的光-时间的思想被回想起来。从显相感性认识到消相感性认识,维利里奥识别出这个转变的攸关所在,那就是空间物质参照(spatial and material reference)的一种丢失,转而对曝光的一种时间维度进行一种主导性参照。绵延的时间结构(石头、帆布、油漆涂料等的物质稳定性和物质持久性的时间结构)让位于显现着的形状上的时间结构,显现着的形状仅仅在它"照亮"的一瞬间中或它暴露于(如由放映机发出的)光下的一瞬间中、并且实际仅仅在也就是它那继续的正在消失(its continual disappearance)的一瞬间中显现。电影,于是为我们给出了一种在其中空间性和时间性可以被转换的可感诸显相世界的影像:空间广延和物质广延都丢失了,被维利里奥所说的某一曝光时间性的一种"密集度"所取代。

　　一种说法是,电影影像提供了观察世界的另一种窗户。在《消相感性学》(*The Aesthetics of Disappearance*)中,维利里奥用一定篇幅谈论了集体性的注视方式如何由于 19 世纪末和 20 世纪初观影厅的出现而被转换。经由新闻短片或其他镜头,全球空间的现实情况可以前所未有地被数百万人看到。因此,赛璐珞在投射灯前的机动化了的通过,不过是代表了"照明"世界的另外一种方式,"照明"世界也就是说使世界对于视觉来说可达及,因而对于有意识的统握来说可达及。在此语境下,维利里奥谈到"马达之显相"(appearance of the motor),这里或许可以推断出一个双重含义(a double meaning):机动化了的底片-投射(motorized film-projection)

51

显现为或崭露为一种注视技术,但是它也有一种属于它或它所固有的显相模式:"伴随马达之显相,另一个太阳已经升起,从根本上改变着视线;它发光照明的方式迅速地修改了一切生命"(Virilio 1991b:50)。在某个方面,生命上的这种修改非常直截了当地与社会习惯有关:众人聚集在一个昏暗的房间里一起观影与聚集在一所教堂或剧院里是不同的。如果说后者提供了一场实际上牵涉当下身体(神父或演员)的神圣仪式或戏剧表演,那么前者仅仅是一种光的景观(a spectacle of light),维利里奥说,在其中,"一群假人在一种具有吸收性的天象仪蓝中闪耀",并且观众自身已经变得"荧光闪烁,他们也发出神秘的闪光"(Virilio 1991b:59)。在这种光之景观内,世界的诸空间可以在它们的完全缺相中被制造成当下,底片的那些影像的速度和短暂移动从距离、时间和空间的约束中解放了视觉。随着观影厅的出现:

> 一切都发生在由突然变成所有物种的一个嬗变的一种群体感情倾泻(a communal effusion)制成的**属于发光观众的多众**(the multitude *of the luminous viewers*)里,在这样一种惰性时刻那里一切都已经在由有效地把我们从旅行的需要中解放出来转而使我们对一个此刻不断到来并且我们此刻不断等待的世界抱有殷切渴望的那样一种光的逃逸速向(an escape velocity of light)制成的**虚假白日**(*false day*)中了。
>
> (Virilio 1991b:59)

52

就是在这样一种注视世界的方式中,那些可能会把比如说一个伦敦东区的观众与印度的泰姬陵分开的时间空间时隔湮灭了,取而代之的是一种从远处观看,按字面意思就是一种远程视觉(television),它不需要为了随后观看而起程或旅行,而这样做有利于在从没有离场的情况下一种可见影像的抵达。"虚假白日"的念头在维利里奥虚拟展相方面的记述中发挥了一个关键作用。他感兴趣的是几个世纪以来不同的技术如何使人类能够差异地点亮世界。为了补充太阳日的光,我们使用蜡烛、火炬、油灯,最后还有电源(电灯泡、霓虹灯等)。电影影像,作为一种"观察世界的窗户",它取消了那些将我们与各种遥远可见形状分开的时间空间时隔,标志了一种决定性转变,这种转变超越这些补充太阳日的各式各样的手段而朝向另外一种视觉结构。在这里,它并不是从"点亮"各种可见形状的某一直接光源中所发出的光之反射,而是由底片的迅速动作所介导的光之通过,这种光之通过可以说是间接产生了一种被照亮了的可见形状,这种可见形状是凭借它的缺相而展示的,它的显相恰恰是以它的消相来述谓的(is predicated on its very disappearance)。

通常,由电影影像所致的消相感性认识及其在观看的时间性和空间性二者上的冲击,在维利里奥看来是由电视及现代媒体产生的当代世界的一种先兆。如果电影代表了一个开始与太阳日并存的虚假白日的黎明,那么电视与当代媒体就代表了虚假白日上升到它最高点的那种光。可以说,电视的"日光"(daylight)甚至比底片放映机所发出来的"日光"更远离展相。可以据理认为,底片的那些影像与它们饰演(portray)的各种轮廓或形状有某种直接关联,因为那些轮廓或形状所反射回来的光已经直接从物体传到了赛璐珞的光敏表面。这可能暗示了被再现出来的物体的物质展相的一些踪迹,尽管它们是虚拟的。用电视抑或其他形式的电子传递或数字传递,情况就不再如此了。从由电视转播出的形状反射出来的光被转化成(is converted into)电脉冲,然后仅在电视荧屏本

53   身上复原成一种可见影像。很明显,这就是维利里奥所谓的"波动
      光学"(wave optics)。在这里,维利里奥再一次首要感兴趣的是电
      子影像所致的虚假白日如何重新结构那统治着关于可见诸形状的
      知觉的时间性和空间性。在《丢失了的维度》中,他明确地将电视
      比作一所房子的窗户:

> 自从我们不只是打开窗帘而且也打开电视以来,白日之
> 光就已经被修改:成为天文学的太阳日、不确定的烛光日,成
> 为电灯,现在增添了一个其日历纯粹是信息之"对易"
> (commutations)而与实时(real time)没有任何关联的**电子**虚假
> 白日。这样一来,一种被瞬时地**暴露出来的**时间继任了设时
> 学和历史学的**诸多流逝**的那种时间。
>
> (Virilio 1991a:14)

比照这些评论,看来在前一章中讨论的"光-时间"这个念头,不只
是一种试图从速度的视角重新思考时间本性的新竞速学概念。光
-时间,当它由电影、电视和数字媒体的诸速度机器来介导之时,也
是知觉经验的活生生时间性。这是由电子远程影像(electronic tele-
images)所致的虚假白日的时代。维利里奥关于虚拟展相的记述中
的一个最重要关注是,电影和如今的当代媒体已经实现了一个从
空间(the spatial)和广延(the extensive)(身体经验的空间性、时间绵
延的广延性[the extensivity of temporal duration])到时间(the
temporal)和密集(the intensive)(光-时间的曝光和暴露瞬间的密集
度)的转变。
      维利里奥无非正在寻求描述集体性的观看方式和进行再现的
方式的一种普遍化了的转形化,或者他所谓的一种嬗变。这种转

形化可以直接归因于电影、电视和其他数字媒体的出现,它们使得知觉得以远距离地发生。如果我们把影片、电视与其他媒体简单地看作为反映一种直截了当给定的既存现实情况的再现形式,那么,维利里奥会据理认为,我们错过或忽略了它们以一种基础上不同的方式揭示或本构了世界显相的决定性方式。我们集体性的社会文化经验(collective social and cultural experience)被这些反映知觉的速度机器或载具所浸透得越多,它们对我们正在统握和构想现实的那些普遍习惯可能产生的冲击就越大。维利里奥再一次在我们关于当代媒体的集体经验里识别出由即刻的感性知觉(immediate sensory perception)所提供的丰富和相异的一种逐渐丧失:“直接信息与间接信息之间的日益不均衡,它本身就是多种相异传播手段的一个结果,往往过度地赋予媒介化了的信息以特权,从而损害了诸感之信息;现实效果(reality effect),它似乎,取代了即刻现实”(Virilio 1991a:24)。一方面是现实效果,另一方面是“即刻现实”,维利里奥在此得出二者之间的区别,他据理认为,通过电视和其他媒体的虚假白日来介导的我们关于世界的经验越多,这个区别就将变得越来越混乱和模糊。从某种程度上来说,这可能只不过意味着,当我们通过电视和其他广播媒体来注视那被转播给我们的关于世界的信息的时候,我们往往“相信我们所看到的东西”。对此,人们可以这样辩称回应,比方说电视或其他新闻的观众多持怀疑主义和犬儒主义态度,并不一定或总是非常相信由电子媒体生产的“现实效果”。然而,一如既往,维利里奥的论证较少与对我们可能看到或经受到的东西的内容(content)作出可能反应的范围有关,而更多与那个东西显相的模式、结构或方式有关。无论我们对我们看到的东西所持的怀疑是多还是少,重要的事实是,我们正暴露在对知觉进行结构的一种完全不同的方式之

下,因而正暴露在我们关于可感现实的统握下。维利里奥用以下措辞来表达:

> 今后我们(不是在一种现场直播的就是在一种录制下来的)可感现实的**联合生产**(COPRODUCTION)中展示,在那里各种直接知觉和媒介化了的知觉被混杂在一起以便给出一种关于空间、关于周围处境的瞬时再现。反映(时间和空间的)各种距离的现实与反映相异(视频图形或信息图形上的)各种再现的那种疏远(the distancing)之间的时隔被彻底废除。
>
> (Virilio 1991a: 30-1)

这是直接知觉和媒介化了的知觉在一起的融合,对维利里奥来说,它供应了一种隐伏的混合,从而使我们看不到世界在现代媒体的那些速度机器中向我们到来的方式。例如,我们正坐在客厅看电视上的一则新闻,比方说涉及中东的一场爆炸,我们的可视可触场域(visual and tactile field)就是由许多相异元素组成的:我们椅子或长沙发或多或少舒适的衬垫、我们对即刻的周遭事物(地毯、家具、头顶上的灯光等)的熟悉以及电视荧光屏,这立即向我们给出这样一种影像,它既极为邻近(屏幕可能只有几米远),又保持距离(影像自身或多或少瞬时从一个遥远的位置到来)。当然,远程可视影像(the tele-visual image)所提供的邻近印象完全是虚假的。然而,可以说,对这个观察世界的"另一种窗户"的注视,在我们的知觉习惯中变得如此根深蒂固,以致我们把它所提供的那些影像视为理所当然的,就像我们对即刻围绕我们的那些显相所做的一样。在远程影像里,我们无法精准分辨或恰当统握这一点,那就是距离胜过邻近而居主位,传递的时间普遍胜过可感展相的空间物质性(the spatial materiality)而居主位,并且,最重要的是,当下的东西因此只能处在它的缺相中。

这就是维利里奥称作"远程展相"(tele-presence)的现象。可以说,诸如《丢失了的维度》、《视觉机器》和《极惰性》这样的作品所给出的对经验之虚拟化的普遍记述,依赖于一种对受现代通信和数字或广播媒体的那些速度机器影响的远程展相进行概括的观念想法。维利里奥在《丢失了的维度》中将其总结如下:

> 在一个逃脱了日常绵延和每天日历的临界面中,一种间接的和媒介化了的接受(reception)继任了关于各种(自然的或建构出来的)物体、表面和体积的直接知觉的那个瞬间。让我们不再欺骗自己:我们永远都不可能接近电视邻近(televisual proximity),**媒体不是我们的同时者**;今天我们正生活在一个日益增大的缺口中,一方面是它们再传递的迅敏及时,另一方面是我们突然抓住、测量当下瞬间的能力。
>
> (Virilio 1991a:84)

从电影的消相感性认识一直到现代媒体的电展相(the telepresence),"关于各种物体、表面和体积的直接知觉"的丧失,为维利里奥对集体经验之虚拟化的记述供应了指导思路和统一原则。在每一种情况下,(底片卷轴通过放映机灯时的、电子或数字数据瞬时传送时的)传递速度与传递相对速度,是通过废除诸空间物质决定因素(spatial and material determinants),转而代之以一种在其中曝光方面的时间性与电展相方面的虚拟性(virtuality)开始占据主导地位的正在显现模式(mode of appearing)来转换知觉的。

56   ## 视觉机器

如果维利里奥对虚拟化和电展相的记述很大程度上依赖于"速度机器"的念头,那么它也依赖于"视觉机器"的念头。视觉机器可能最好被描述为技术假肢(a technical prosthesis)(即一种代替或补充正常身体机能的人造装置),它使得我们能够去修改或扩展我们看到的方式。维利里奥提出了文艺复兴以来有关视觉机器发展的一段思辨历史,尽管以一种典型的非系统化的方式。他对术语"透明度"(transparency)的使用,是这段记述的核心,通常也是视觉机器念头的核心所在。我们通常将透明度理解为正在知觉到光线穿过某种特殊化学物质的可能性。维利里奥在《极惰性》中给出了如下定义:"透明度就是'让光容易穿过的那个东西',要不就是'通过它特有的密度使得各种物体能够被清楚地区分出来的那个东西(举个例子,比如说玻璃)'"(Virilio 2000d:55)。在此语境下,就光穿过一种透明的媒介来说,诸现象和可感诸显相的世界通常是被"照亮"的或者是供视觉所达及的。从一开始,这一媒介只不过是地球的大气层自身:要想照亮地貌、地平线和那些自然的或人造的建筑,光就要穿过它。对维利里奥来说,人的历史以人造媒体的发明为标志,它补充或转换了由近地空间及其大气层所提供的这种基础透明度。

这样一段历史以玻璃的发明为开端,并在光电学上达到极点,正如维利里奥在《极惰性》中专门提到电视时所再次指出的:

> 空间的透明度,穿越时的、我们环游世界旅行时的视限的透明度,被这种**阴极透明度**(cathodic transparency)所继任,它不过是四千年前玻璃发明的完美延伸;"窗户"的一种延伸,这种神

秘莫测的东西(enigmatic object)却标志了都市建筑史,从中世纪到今天,或者更确切地说,到**电子窗户**(*electronic window*)即我们路程的最后视限之近来发明。

(Virilio 2000d：18-19)

正如前面所讨论过的,这段评论些许表明了为什么维利里奥把电视称为观察世界的另一种"窗户"。他正在调用这样一种历史,在其中,空间的原本透明度在某种程度上被玻璃的原本透明度所补充,这样一来,就使得建筑都市发展(architectural and urban development)的那些可能上的一个转形化得以发生。玻璃窗户的发明使得建造居所的各种新方式的出现和世界借助一种新媒介来被注视到成为可能。通常,这种创新对透明度本性的冲击主要体现在都市空间与居住空间的建构与组织化的方面。在这个从地球大气层的天然透明度到现代电视媒体的"阴极透明度"的段落中,创新的下一个关键契机,按照维利里奥的说法,是文艺复兴时期的光学技术的发明,尤其是望远镜的发明。如果说玻璃窗户被视为对都市建筑和设计产生了深远冲击,那么望远镜在此则以一种决定性的方式转换了知觉的各种基础可能,并且和这种正在统握和认识物理宇宙的基础方式一致。望远镜镜头的放大力量开辟了一种全新的透明度模式,正如维利里奥在《视觉机器》的开篇所提到的:

正是这种可视假体模型、这个望远镜投射出一幅我们够不着的世界的影像以及一种穿梭世界的不同方式;**知觉后勤**(*logistics of perception*)开辟了这种凝视方面的一种未知转移,它创建了近与远的伸缩,这样一种**加速现象**(*phenomenon of acceleration*)废除了我们关于距离和维度的统握。

> 不仅仅是对古代的一种回归,文艺复兴今日还作为一种
> 横贯所有时隔的时期之浮现、一种立即影响现实效果的形态
> 侵入(morphological effraction)之浮现而显现。

(Virilio 1994b:4)

伴随着望远镜的发明,电展相的起源可以从历史上被定位,显然从这一点来看,对维利里奥来说,受到不同技术影响的空间时间知觉(spatial and temporal perception)之转形化绝不纯粹是 19 世纪晚期和 20 世纪的那些创新的一种产物。当然,他并不认为在现代性的某一特定历史时刻或分水岭之前,我们在某种程度上没有技术。相反,在被给出的有关"透明度"的思辨历史的语境内,维利里奥认为文艺复兴和早期现代时期的光学技术标志了视觉机器发展的开幕时刻。由望远镜镜头提供的(而不是由大气层或窗户提供的)透明度标志了现代视觉机器所带来的空间知觉之正在重新结构(the restructuring)的第一阶段。这种从直截了当的透明玻璃到望远镜镜头的放大透明度的发展,在当代技术的创造中达到了顶点,这些技术通过无线电波传递或电子脉冲传递使得可视知觉(visual perception)得以可能。维利里奥认定,这又是一个关于透明度的全新秩序,因为光不会直接穿过一个材料(即窗户或镜头的玻璃)来使得视觉得以可能。不如说,光线被转化成另一种形式的能量,以便之后被重新转化为光,从而使得可视知觉可以发生。这种透明度新秩序暗示了一种从直接观看到间接观看的转变,因为光不再从其来源穿过透明媒介然后进入眼睛,而是从其来源传来然后借助无线电传递或电子传递间接地到达眼睛。维利里奥认为这种从直接透明度到间接透明度的转变也暗示了一种从被动光学到主动光学的转变:

对材料的直接透明度的赶超,首先是由于一种新光学的逐渐出现:**主动**光学是近年来光电注视和无线电注视发展的产物,它损害了之前望远镜镜头、显微镜或记录相机的**被动**光学所享有的至高地位。换另外一个说法,我们已经目睹了一种与经典的几何光学并列、完全并列的**波动光学**(*wave optics ／ optique ondulatoire*)的有效引入。

(Virilio 2000d:56)

这表明,对维利里奥来说,诸视觉机器在知觉方面的冲击不单单在于它们如何修改了我们同空间及空间决定化(spatial determination)的关联。这并不单单是在说,通过望远镜观看或电视观看所看到的遥远的东西,可以被立即知觉成当下的,从而取消了近与远之间的正常区分。攸关之处正在于,在这种特有媒介中,从可感显相中产生的种种形状连同反映展相和缺相、显相和消相的这些范畴都对我们变得可见。就像电影的出现所开辟的"消相感性学"一样,波动光学的间接的、主动的透明度修改了那些可见形状是(*are*)的方式。在这个意义上说,本章前面讨论过的现代媒体的电展相就不单单是一种"在远处的展相"(presence at a distance),或者说,一种正生存于远处然后被带到近处的本是充足完满状态(a plenitude of being which,existing at a distance,is then brought near)。电展相暗示了一种"身临其境"(being there)方面的虚拟性,严格来说,它既非展相,也非缺相,这样一种虚拟性侵害了所谓的那些电当下形状的本体论地位(the ontological status of telepresent forms)。更简单地说,波动光学修改了可感诸显相的本是(the being)。

可见诸形状的本是或托体([the] substance)上的这种修改,当与也受到波动光学影响的空间决定化上的那种转形化一并来看

59

时,按照维利里奥的说法,具有诸多深远后果。应该回想一下,透明度既是一种媒介,又是一种知觉视限(a horizon of perception)。可以说,决定我们注视到可见世界的那些基础视限不能与诸认识形式(forms of knowledge)发展的方式相分离,并且因此不能与我们对物理宇宙的更宽泛理解相分离。例如,阿尔弗雷德·克劳士比(Alfred Crosby)曾令人信服地据理认为,文艺复兴时期光学技术的兴起通常对科学世界观的发展和西方文化(Western culture)在全球占据主导地位施加了一种决定性影响(Crosby 1997)。埃德蒙德·胡塞尔也在其 1930 年代的晚期作品《欧洲科学的危机和超越论的现象学》中据理认为,伽利略在天文学方面的创新(通过望远镜得以实现)是现代科学兴起的一个基础契机,尤其是,它几何学和数学的取向对于诸现象的世界来说是基础(Husserl 1970)。这表明,从文艺复兴的几何光学向当代技术的波动光学的转变不只有可能重新结构知觉,还甚至于有可能重新结构我们理解物理宇宙的方式的那些砌块。在诸视觉机器所介导的知觉中发生的并"立即影响现实效果"的这种"形态侵入"(Virilio 1994b:4),对维利里奥来说,有可能转换了我们经验到世界并开始认识世界的几乎每一个方面。

那么,在视觉机器的历史以及它们最近于当代媒体的波动光学的扩散中的攸关所在,不只是空间时间知觉,而是与之相伴随的处于基本层面的那些认识砌块和人的意识变化着的特征。前面已经显示了维利里奥在《视觉机器》中如何引用梅洛-庞蒂以表明知觉方面的电拓扑逻辑性正在结构(the teletopological structuring)如何破坏了身体可能性的某些基本元素。维利里奥固执地认为,电展相方面的各种可见形状并没有铭刻在"我能做"什么的地图上(Virilio 1994b:7),关键一点它们是遥不可及的,因此身体与可感诸显相世界的关联从根本上被修改了。在《知觉现象学》中，梅洛-庞蒂引用胡塞尔未出版的作品据实断言："意识从一开始就不是'我认为'（I think that）的问题，而是'我能'的问题"（Merleau-Ponty 2002：137）。在这里，梅洛-庞蒂明确据理反对由勒内·笛卡尔（René Descartes, 1596—1650）所假想的意识模型；后者在他著名的"我思故我在"（I think therefore I am）中，试图把思想放在一种理性自我的即刻自身在场（the immediate self-presence of a rational ego）的根据中（Descartes：1999）。如果一个人在某种程度上遵从这股关于诸身体可能的现象学思维，就像维利里奥所做的那样，那么由波动光学所准许的那种电展相和知觉方面的电拓扑逻辑性正在结构将修改那些集体性的意识形式（collective forms of consciousness）就多多少少变得不可避免。如果意识本身起因于关于可见世界的各种具身知觉中，或者在其中有着它的根据，那么浸透现代社会的那些视觉机器将以新的和无法预见的各种方式来塑造我们意识到世界的方式。

当代通信媒体的一些例子可能会在这一点上有所帮助。卫星链接和现场播放现在是新闻广播的一种极为普遍常见的特征。凭借着来自全球其他地区的现场新闻报道，我们理所当然地认为，当下时刻发生的事情几乎瞬时传递给我们。前面给出的电视影像分析据理认为，我们在注视这样一些影像时所可能拥有的邻近感完全是虚幻的。在此语境下，也许可以据理认为，一个人越与这些电视影像朝夕相处，它们就越被理所当然地认为是一种获取世界"现实情况"的手段，同时它们与即刻具身知觉的区别就越被遗忘或模糊掉。就现场新闻镜头画面来说，观众被给予了一种强烈的即时印象或当下印象：我们看见一位处在现场（in situ）的记者，并且被给予了一种接近别处正在展开的事件的感受。然而，这种即时感、邻近感和当下感必然模糊了所有复杂的物质、文化和商业过程,这些过程通常会告知我们统治现代新闻的信息采集与信息处理。日复一日,我们通过卫星和电视媒体获取即时新闻或现场实况更新,以便获得一种事情"如其发生"感或事件"如其展开"感。毫无疑问,我们可能或多或少对这一领域中的媒体偏见以及偏向性报导念头敏感。代表不同支持群体的卫星新闻媒体的泛滥很清楚地证明了这一点:美国有线电视新闻网(CNN)和福克斯新闻(Fox News),尽管它们覆盖全球,但它们的报道可以说是从一种大体上特定的美国视角和美国世界观出发的;半岛电视台(Al Jazeera)主要面向的是阿拉伯与中东的观众,近来,拉丁美洲和法国的卫星新闻频道已经建立起来,通过专门提供一类拉丁美洲人和法国人在事件上的视角,以对抗美国有线电视新闻网和福克斯新闻。这表明,尽管觉知到偏见或偏向性报导,但我们期待新闻报道能提供这样一种世界观,即其或多或少符合我们关于世界所是的样子或者我们认为世界应该所是的样子的那些日常知觉。电视新闻或卫星新闻,当它进入我们的客厅时,就成为注视外面世界的另一种方式、观察世界的另一种窗户,就像维利里奥所说的那样,它的透明度可能会以这样或那样的方式使我们的视线倾斜,但是这仍然提供了一种观看可能性。维利里奥据理认为,电视的这些影像提供了这种即时感和当下感,因为它们寄生在当我们在世界中定位我们的身体时我们所经验到的日常展相上面。他认为,电视"寄生在关于此时此地的清晰知觉上"(Virilio 2000d:4)。他甚至还坚决断言,在现场传递和卫星转播中被给予我们的电视影像的这种寄生本性,开始在我们考虑我们在世界中更宽泛的共有经验这一方面占据支配地位。维利里奥描述了一种"处在'实时'中的当下电现实(present telereality),它取代了反映实物和地方的真实展相的现

61

实,凭借的是具有优势的电磁波的通过"(Virilio 2000d:6-7)。

"实时"的念头开始在他对虚拟化和电展相的记述中发挥了至关重要的作用。斯科特·麦奎尔(Scott McQuire)在他的作品《现代性视觉》(*Visions of Modernity*)中引用了1991年纳尔逊·曼德拉从监狱释放的报道作为统治现场新闻镜头画面影像的那种特定时间性的一个例子。与维利里奥的观点相呼应,麦奎尔认为现场报道和电视节目通常有它们自己的时间节奏,这一时间节奏将传递的瞬间凌驾于一切之上。他认为,由这种节奏引起的经验已经成为我们注视种种期待(expectations)的第二天性(McQuire 1998:255-6)。当曼德拉被释放的时候,各大新闻网都进行了报道,试图现场地或"如实地"(as it happened)显示他作为一个自由人的出现。不过,这一发布被推迟了,导致摄像机在"时滞"(dead time)中运行;节目主持人们都在等待着,并没有什么随之发生,他们试图拼命地填补空间的那些片刻,直到许多人放弃了,而后继续进行他们紧迫的日程安排。这个例子显示的是,现场镜头画面的"实时"之方式,就像维利里奥在别处谈论的"光-时间"或"曝光时间"一样,是这样一种时间性,它如此聚焦于瞬间的那种强度(the intensity)或展相,以致它忽略了与它诸多过去感觉的那些滞留以及它将来可能性之有目的但不确定的种种预期相伴随的活生生时间性之丰富。它是这样一种时间性,在其中往往会有对事件进行事先计算的某种期待,以便根据支撑新闻报道整个业务的商业结构将其打包并出售给观众。如果像1991年曼德拉的情况那样,事件并没有像计算的那样展开,那么整个传递时间就被浪费掉了。

因此,现场电视节目和新闻报道的例子通常表明了,波动光学及它的那些视觉机器是如何已经开始修改我们注视到、关联或理解更广阔世界之生存的方式的。维利里奥会据理认为,寄生于即刻展相上面的电视的各种电当下影像(the telepresent images),已经开始以各种特定而又决定性的方式,不可精准分辨地替换了对世界的活生生具身介入。"实时"之时间性已经成为一种主导模式,通过这种模式,我们经验到诸世界事件,同时这些事件在我们的客厅中被虚拟地注视为或制造成当下。维利里奥甚至认为,"实时"和虚拟展相在那些发现它们自身被各种各样的视觉机器所浸透的先进社会中已经成为主流经验模式。在《视觉机器》中,他谈到了"实时中的影像主宰了被表现的事物(the thing represented),这样的时间从此以后压倒了实空(real space)。这种虚拟性主宰了实况(actuality),甚至于颠覆着现实之念头"(Virilio 1994b:63)。这里提出的问题是,我们是否已经如此习惯了关于世界的各种介导了的再现,以致我们已经不可精准分辨地来到了这一点,即各种电当下再现(telepresent representations)对我们来说已经到了比各种活生生的具身现实情况更重要的地步。

如果接受技术创新的步伐如此之快,以致我们尚未发展出可能使我们得以充分理解其冲击的各种概念的话,那么维利里奥对诸视觉机器的记述就提供了一种批评性地对付一整套问题的手段,这些问题涉及先进工业社会或后工业社会的当代生活。例如,21世纪初,在自由民主政体中有很多关于"化妆政治"(politics of spin)的言论,很多人担心民主政体的进程已经被媒体所破坏,政客们需要展示的是他们在新闻媒体上的自己。公共政治的现实情况以及由此而来的政府自身的现实情况似乎在更大程度上是由对展现(presentation)的那些关注来定义的。这让人们不禁要问,远程影像的威力开始以维利里奥所认为的方式来压倒现实(the real)已经到了怎样的程度,或者说,在我们政治和政府运作的媒体影像与实际发生的情况之间到底可能有多大程度的脱节。要不然,我们可以引用2003年对伊拉克的入侵和随后占领的例子。在本项研究课题落笔期间,美英军队继续占领伊拉克,那里局势的"现实情况"引发了激烈的争论。对于那些跟着追赶这种占领的许多人来说,通过广播媒体以不同的方式被重播的东西与所感到的可能完全不同于官方给出的现实情况版本的地面上的现实情况之间有一种强烈的脱节感。

当然,随着伊拉克2006年陷入更大的宗派冲突,英美政府的乐观官方评估具有严重缺陷就变得明显了。然而,尽管很明显的是,伊拉克的"现实情况"远比政府愿意承认的要糟糕得多,但反映现实情况的媒体展现并没有停止被按照不同集团的利益高度政治化、争论或操纵。新闻工作者们当然会坚持认为,他们的工作是在面对政府的化妆和宣传时寻求和展示真相。的确,由这一问题引起的特有政治化以及被给出的关于现实情况的多样化再现(the varying representations),刚好表明了我们在多大程度上集体依赖媒体报道(/媒体再现)(media representation)第一时间给予我们的"现实情况"。与此同时,无论消息来源如何,我们都可能对我们收到的新闻和信息的真实状况有一种矛盾的感受。似乎维利里奥所调用的不同的知觉模式,即对各种电当下影像的注视与对活生生经验的观看,正是彼此冲突的。我们可以信任前者,并假设我们从各种电当下影像中获得了一些对现实情况的衡量标准(维利里奥认为我们一直不假思索地这么做),或者我们可以保持对后者的信任,并接受在伊拉克问题上我们对"实际发生了什么"知之甚少。这两个例子都表明,维利里奥对诸视觉机器和虚拟展相的记述,对于我们可能会如何接近或理解当代政治生活的本性具有重要影响。这一点将在接下来的一章中予以详细讨论,完全用于他对战争和政治的记述。

然而,电当下现实(telepresent reality)和实时占据主导地位被视为会对文化生活的基础方面也产生冲击。问题是,我们在多大程度上可能有意识或无意识地开始将日常生活经验的某些影像凌驾在那种活生生的经验自身之上。电视如何已成为诸多个体或诸多群体的自身再现(self-representation)的一种集体模式,以一种尤其敏锐的方式提出了这个问题。当我们观看在其中牵涉我们可以识别的"正常"人的电视真人秀节目或才艺比赛时,我们可以说是正在参与一种大规模的自身认同(self-identification)。我们赞成或反对的是,我们可以多多少少确认的那个个体的特殊可识别类型。我们为一个选手叫好或支持一个选手而不是另一个,这取决于我们的认同模式。与此同时,我们心照不宣地参与了一个牵涉数百万人的同步事件。如果这就是"正常生活",这成为景观,那么维利里奥的观点,即相比于生活自身的活生生现实(the lived real)而言,某种普遍化了的远程景观(tele-spectacle)或远程影像已经取得了支配地位,就可以被看作是一种非常紧急和迫切的关切。由个人来控制的拍摄技术或录制技术的扩散也可能在这方面提供一个重要的例子。例如,当一名游客拍摄了像英国国会大厦这样的旅游景点的视频镜头画面时,或者当一次恐怖爆炸的即刻结果恰好是由这次爆炸的受害者在一部手机上拍摄时,什么才是攸关之所在?从某个层面来看,这两个问题的答案可能非常简单:我们喜欢用视频镜头画面来铭记我们的假日。受到攻击的受害者会在恐怖袭击发生后几秒内立即觉知到现场拍摄出来的镜头画面的商业价值(worth)。这两个答案毫无疑问都是有效的。然而,在这两种情况下,拍摄这类纪实镜头画面的重要性,也可以说是与一种共有感(a shared sense)拴在一起,我们共同感到,当一次知觉事件或知觉行动(an event or act of perception)在视频/移动镜头画面(video/mobile footage)的实时中被录制下来,然后被别人在其他日期"实时"查看时,它被更实际地经历到或更具体地经验到。在这两种情况下,重要的是,一种视觉机器所介导并记录下来的那种被置于视觉之上的价值,它的最初制造或最终输出被嵌入各种工业过程和/或商业利益中。在《视觉机器》中,维利里奥谈到了一种"新型的视觉工业化,建立了一个名副其实的合成式知觉的市场"(Virilio 1994b:59)。这里引用的各种不同的例子——关于现场新闻镜头画面和反映政治的媒体展现的,关于电视真人秀和私人经验的数字记录的——当然,可以用许多方式来解释。毫无疑问,社会科学或政治科学的论述全都可以充分揭示这些现象的各种不同方面。不过,所有这些例子都证明,维利里奥关于虚拟展相的思考能提供一种强大的批评思辨工具(a powerful critical and speculative tool),当知觉的那些基础结构为技术所介导时,它被用以介入其中,尽管只是以一种初步临时的方式。进而,这使我们能够以诸多新的和富有成效的方式来理解当代现实情况的方方面面。本章一开始凸显了维利里奥关于诸速度机器在现代世界中的冲击的一些声明具有相当天启式的或过于悲观的论调。本次讨论试图强调,他整体写作中所给出来的对诸速度机器、诸视觉机器和虚拟展相的记述是引人注目的,那是因为它使得一种与众不同的分析方式得以发生。如果维利里奥的写作有时会显得具有天启性质或过度悲观,那是因为他的分析深深扎根于某股现象学思想,这种思想保留了对情境身体的念头和活生生具身经验的物质空间性的念头的深深迷恋与肯定。维利里奥文本的读者们应该自己决定,他那些更为悲观的判断在多大程度上反映了我们集体卷入当代速度技术的现实情况。然而,如果这种现象学取向导致了维利里奥就现代技术笼统地作出消极陈述,那么,它也允许这样一种思维,这种思维将知觉、

65

经验和空间-时间定向的各种基础结构置于它批评性关注的中心。这样就使得问题能够以别的或许不可能的方式被提出。维利里奥的论述使我们能够以一种严格扎实的理论方式去询问,我们关于时间、空间和展相的知觉是如何正在被修改的。他的写作使我们能够着手处理知觉的这种转形化在生活的各个区域中都产生冲击的方式:通常来说,从私人区域到公共区域,从军事区域到政治区域,从都市建筑活动范围(the urban and architectural sphere)一直到更宽泛的文化生活之活动范围。例如,要是我们正在以一种细微不同的方式来经验到当下,会不会对我们保留过去和铭记我们共有的历史产生影响?我们无法相当清楚地识别出当下中的那些倾向会不会越来越多地来主宰我们将来中的经验? 尤为重要的是,是不是我们对由瞬时传递所致的时间和诸虚拟影像的专注,正在慢慢减弱或侵蚀我们与世界的实空和世界的地理性广延的关联(而对于全球实物环境[the physical global environment]的福祉来说,这样一来,就处于一个前所未有的危险时刻)? 与其说是一种满载厄运的天启预言,倒不如说维利里奥的文本最好被解读为一种批评性的"要是……又当如何?"在《视觉机器》接近尾声的地方,他写道:"如果实时即将压倒实空,如果影像正在压倒实物(the object)或者说本是-当下自身([the]being-present itself),如果虚拟(the virtual)即将压倒实际性(actuality),那么就有必要分析这种'密集时间'(intensive time)在各种不同的实物再现上面的后果"(Virilio 1994b:73)。

66   维利里奥为处理经验的合身虚拟而发展出了这样一些关键术语,即消相感性学、电展相、视觉机器和速度机器、实时、光-时间或者一种密集曝光时间(an intensive time of exposure),所有这些术语应该被视为从一种特定的现象学视角内部出发而发展起来的分析-批评工具(analytical-critical tools)。如果技术进步的速度有时会显得令人困惑或极度迷惘,那么,这些工具可能被证明对于当下将来的技术发展(present and future technological development)的任何理解来说是不可或缺的。本项研究课题的其余部分将在三个特定区域进一步研讨维利里奥关于知觉、速度和虚拟化的思想:战争、政治以及现当代艺术和电影的发展。

小　结

　　维利里奥对现代媒体中经验之虚拟化的记述往往是从天启式的或灾变式的角度来表述的。他认定,速度技术使活生生的空间生存出现了一种衰退,并且在我们关于世界的各种集体再现中引发了一个危机。尽管这种悲观情绪占主导地位,但是他关于虚拟展相的写作确实让我们可以批评性地介入电影影像、电视影像和其他媒体影像或传播形式的本性。维利里奥聚焦于知觉现象学,这使他能够凸显电影和电视的各种影像被"电展示"(telepresent)的方式,也就是说,凸显它们在远处或在它们缺相的地方被展示的方式。根据维利里奥的看法,电展相带来的是,以牺牲某种物质广延经验或空间广延经验(an experience of material or spatial extension)为代价而赋予了传递之瞬间以特权。电展相的"实时"是这样一个东西,在其中可感诸形状的本是被修改了:虚拟(the virtual)开始支配实际(the actual),可计算的瞬间的那种曝光支配了具身时间性或具身绵延的丰富与相异。维利里奥认为,现代视觉机器已经发明了一种全新的观看方式,也就是说,视觉是通过无线电波或电子脉冲的传递来介导的,而这种"波动光学"有潜力转换我们意识到自己和世界的方式。视觉机器和波动光学的世界是这样一个世界,在其中文化政治生活(cultural and political life)的各个相异方面都可以从基础上被修改。

战　争

地堡、纯粹战争与第四战线

在起初于 1983 年出版的一本与西尔维赫·洛特兰热(Sylvère
Lotringer)的对谈中,维利里奥表明他在战争上的兴趣离不开他在
城市和都市规划上的兴趣。他还强调,这样一种兴趣根源于他的
个人历史,即第二次世界大战的经历,确切地说,在他十岁的时候,
他亲眼目睹了南特城(the city of Nantes)的空袭和毁灭(Virilio and
Lotringer 1997：10)。在此语境下,维利里奥分辨出了他所说的“两
大都市规划思想流派”。第一派是把城市和都市定居的起源跟重
商主义(即贸易、商业以及与之相伴随的各种社会形态)关联起来;
第二派是把城市的起源跟战争关联起来。尽管他自己径直地站在
后者一边,然而维利里奥还是坦率地承认,这是一些声名卓著的人
物所共持的少数派观点,但是这种观点常常被在重商主义中探明
都市主义起源的多数派所遮盖(Virilio and Lotringer 1997：11)。这
是维利里奥整个生涯中一贯采用的立场,几乎支撑了他就战争与
技术或者战争与政治之间的关联所说的一切。正如他在他关于第

一次海湾战争的书《沙漠屏幕》(*Desert Screen*)中所指出的:"说城市
(the City)与战争(War)齐头并进是一种委婉的说法。城市,城邦
(the *polis*),是由名为**战争**(WAR)的冲突形式(the form of conflict)
来本构的;正如战争本身是由名为**城市**(the CITY)的政治形式
(the political form)来本构的一样"(Virilio 2005e:4)。

通过把城市的起源跟战争关联起来,维利里奥也肯定了战争
与政治的不可分割性。"politics"(政治)被定义为统治一种特定独
立生存体(a specific entity)(例如,一个国家[a state])的内部事务
和外部事务的艺术,这个词派生自术语"*polis*"(城邦),即古希腊的
城市-国家(city-state)(例如,雅典或斯巴达)。这些古希腊国家都
是都市形态(urban formations),但也是互有区别的政治独立生存
体,它们很可能控制了周边乡野或内陆腹地。维利里奥强调战争
是城市的起源,因此将战争作为塑造或形成政治生活的基础因素,
必然会将经济(economics)放在次要位置上。这与许多现代正统观
念(orthodoxy)背道而驰,在亚当·斯密(Adam Smith)这类思想家
之后,这些正统观念将经济(economics)作为人的活动的一个主要
活动范围或基本活动范围。像斯密这样的思想家相信易货、交易
及换货的倾向是一种共同普适的特征,这从本质上把人与动物区
分开来(因此,人在基础上是经济人[*homo oeconomicus*])(Smith
1993:21)。从维利里奥早期的作品来看,他彻底摒弃这种定位。
例如,在《速度与政治》中,他提到了那些现代自由的(modern
liberal)(或者他所说的"资产阶级的"[bourgeois])政治结构:"资产
阶级权力是军事性的甚至超过它是经济上的,但它最直接地与戒
严状态之隐秘持久性(the occult permanence of the state of siege)有
关,与设防城镇之显相有关"(Virilio 1986:11)。根据维利里奥的
说法,政治和诸政治形式,都植根于比如说由战争的威力来塑造的
城市空间中。

在此语境下,经济(economics),正如我们所知道的那样,也就是说,在和平时期统治商品、财富和货物流通的经济活动日常生活,是一种次要现象,这一现象从战时经济统制(the war economy)以及战争期间统治冲突的各种物资后勤必需品(the material and logistical necessities)中形成它的外貌。对维利里奥来说,战争首要是一个后勤问题,即武器采购、物资保管和人员分配以及武装冲突的全面管理和战略的问题。他首要感兴趣的是战争的空间,以及遍布这个空间的军队、武器、物资和信息之调遣(the movement),然后还有军事空间随后开始塑造社会政治空间(social and political space)的方式。在上面提到的与西尔维赫·洛特兰热的对谈中,他给予军事空间概念以中心地位是非常清楚的(Virilio and Lotringer 1997:10)。他还明确肯定了军事后勤相比于经济统制而言占据首要地位:"后勤是战争的经济统制(the economy of war)之开端,然后它将变成不折不扣的经济统制(simple economy),以至于取代政治经济统制(political economy)"(Virilio and Lotringer 1997:12)。因此,从这种视角来看,军事空间和军事后勤之组织化,不仅是政治空间之构形化(the formation)上的一种关键决定着的因素,而且也是经济生活之构形化上的一种关键决定着的因素。

维利里奥给军事活动范围以优先地位,导致他作出了一些典型的笼统主张,例如,在《常见防御与生态斗争》(*Popular Defence and Ecological Struggles*)中:"它不仅对智力和对诸身体予以规训(disciplining),或者对在国内外战争的战场上发展起来的那些个体行为惯行(individual patterns of behaviour)予以消元(elimination),而且还是整个工业世界的伦理行为准则"(Virilio 1990:29)。如此看来,战争不仅塑造了政治活动和经济活动(例如,设防城镇以及与之相伴随的各种政治形态的逐步出现),而且甚至在社会的共有人生观、价值观与理想典范的本性方面有着深远冲击。因此,对维利里奥来说,"战争……是我们文明(/文明化)(civilization)的基础概念"(Virilio 1990:22),或者更确切地说,战争"形成了那些伟大现代国家的宪法基底(/本构化基底)(the constitutional base of the great modern States)"(Virilio 1990:46)。孤立地看,这类主张难免会有笼统的历史概括的特点,而不是冷静的分析性评估。然而,一如以往的情况,在维利里奥笔下,像这些更普遍的主张,只有与他所提出的更广泛详细的诸多论证关联在一起时,才可以被理解。本章接下来将探讨维利里奥就战争所提出的一些论证的详情,尤其考察他对从第一次世界大战一直到第一次海湾战争期间武器与通信发展的分析。同时,本章还将凸显他的思维方式与一位最广为人知的战争理论家卡尔·冯·克劳塞维茨(Carl von Clausewitz)的思维方式迥然不同,后者的至理名言"战争无非是政治通过其他手段的延续",被维利里奥直接或间接地在很多场合提及(例如,Virilio and Lotringer 1997:31;Virilio 2000c:49;Armitage 2001:95;也可参见 Clausewitz 1968:119, 402)。如果说克劳塞维茨明确将政治与战争分开,并且把前者放在了一个相比于后者而言的首要位置上(因为战争是政治活动的一种延续)(Clausewitz 1968:119, 402),那么维利里奥似乎颠倒了这种关联。在这里,政治可以说是战争通过另一种手段的延续。不过,对维利里奥来说,更准确的说法是,战争在塑造政治的空间(the space of the political)上发挥如此基础的作用,以致这两个活动范围不再维持任何明确或明显的身份,这样一来就可以说其中一个是另一个的延续。

战争和政治之间区别的这种模糊化对维利里奥就 20 世纪冲突给出的记述来说具有特殊意涵。很明显,在冷战(the Cold War)与核威慑逻辑的语境下,甚至于战争与和平本身之间的区别也成了问题。军事空间在政治社会活动范围(the political and social spheres)之正在结构中所发挥的基础作用,是维利里奥1975年起初以法语出版的第一部长篇作品《地堡考古》(*Bunker Archeology*)的主导专注所在。这第一部作品以1940年代初由纳粹德国建立起来的大西洋海岸线的那些混凝土碉堡为题材。这本书本身是由许多简短沉思和一系列碉堡自身令人惊讶的美妙照片组成。维利里奥痴迷于纳粹防御工事的遗迹,可能乍一看相当另类。不过,《地堡考古》的论证表明,正是在这样的防御工事之生存中,我们可以精准分辨出战争、政治与都市空间及地缘政治空间的塑造之间复杂而又或许隐藏的相互关联。

《地堡考古》

为了理解《地堡考古》中那些混凝土防御工事所被给予的关键意涵,有必要从大体上理解支撑维利里奥作战记述的更宽泛的思辨历史。这种思辨历史的简要概述在起初发表于1978年的《常见防御与生态斗争》的开头被给出,三年后,出现在《地堡考古》中。在这里,维利里奥认为,暴力冲突在它的起源上来讲是一种或多或少自发性的进取,没有实施任何预先规划了的特定战略、战争场景或战争场所:

> 暴力行动形成了一组尚未明确定义的社会交火(social exchanges)的一个真实部分……(人们)没有使用什么障碍物或人造防御工事,并且完全知道如何利用他们的环境从一个地方移动到另一个地方或者隐藏起来以伪装他们自己,**却不是为了他们的自我防御。**
>
> (Virilio 1990:13-14)

由此看来,作战的发展和历史,很大程度上是对冲突空间进行组织的不同方式之问题,尤其是冲突如何牵涉环境与特定的攻击和防御手段耦合(the environment coupled with specific means of attack and defence)中的调遣之问题。这里表明的是,由于不同的群体争夺环境中的自然资源,曾经可能以狩猎为生的人类早期居民会以一种或多或少没有规划的式样卷入冲突。

71 　　恰当地讲,战争的问题,仅仅是出于以一种更为持久的方式去控制冲突空间和冲突的那些规程的野心。在此语境下,维利里奥假设,描述了战争特征的战略与军事规划很可能已经逐渐成为针对早期冲突或多或少未形成的和自发的本性的一种抗拒反应(Virilio 1990：14)。只有事先将环境的空间构想为一个可能发生各种军事行动的场所,并预先考虑了由这种空间所提供的诸多军事可能情况时,那些防御工事、城墙和其他防御结构的建造才变得必要。维利里奥这样表达:

　　　　如果古人最开始是作为护城墙和防御工事的建造者而出现的话,这是因为发动(wage)[**指挥(conduire)**]战争的野心从战争剧场(the war theatre)的计划开始,也就是说,**人为环境条件**的创造将会形成基础设施、场景(the scene),在那里,战争情景的调遣将不得不根据打算主宰另一方的对手的事先准备来展开。

　　　　　　　　　　　　　　　　　　　　　　　　(Virilio 1990：14-15)

如果战争首要被构想成一个人为建构和对环境空间的战略性使用的问题,那么军事规划在社会政治空间(social and political space)的塑造中所发挥的基础作用就变得清晰了。只有在对那些特定可能的军事冲突进行预测和规划的语境内,才需要将人的聚居地集中在具有战略防御能力的那些区域,或者用各种防御工事围住这块聚居地。空间的这种军事投射是围绕各种攻击调遣的潜在性和利用地形(例如,山顶聚居地)或者各种防御工事(例如,围墙)来阻挡这类敌方行军并防止其突破进入聚居地空间的方式而组织起来的。(随着更多安定下来的农业人口的发展,)一度或多或少自发性的交火演习或逃跑演习已经被放弃,军事规划者的目的成了"试图保持自己地盘上的优势胜过敌人,由此就引出了围绕山顶聚居地建设保护区、围墙和栅栏,所有这一切都注定要减缓侵略者的入侵"(Virilio 1990:15)。从侵略者的角度来看,有必要发展各种突袭或突防手法,这将克服山顶聚居地和那些防御工事的防御能力。因此,只有在对环境进行极为特定的和战略上的思考的语境下以及在这种语境下发生的那些攻击可能和防御可能中,战争才会渐渐出现。

　　这似乎只是陈述了显而易见的事实。然而,一如以往对待维利里奥的分析那样,这对凸显他对空间组织化的那些特定形式所许可的空间定向、移动以及移动的相对速度的重视程度是必不可少的。在此语境下,维利里奥经常引用中国古代战争理论家孙子(Sun Tzu)曾经写下的"兵之情主速"(Speed is the essence of war)(例如,Virilio 1986:133;Armitage 2001:75;Virilio 2005a:102;也可参见 Sun Tzu 1963:134)。由此可见,战争的本质在于攻击与防御的相对速度,前者是一种关于加速或移动可能性的原则,后者是一种关于惰性或尝试阻止移动的原则。维利里奥如此表达:"攻击与防御在斗争地形上分裂,形成同一个对立统一物的两个元素:第一个成了速度、循环、演进和变化的代名词,第二个则与移动相对立"(Virilio 1990:15-16)。这种对战争的起源和本质的基础见解,

72

既支撑了维利里奥对战争的普遍历史发展的记述，也支撑了他就他所讨论的那些战争特定实例而提出的各种特殊论证。

这适用于他在《地堡考古》中对大西洋海岸线那些第二次世界大战地堡意涵的沉思。维利里奥在他这第一部长篇作品的众多关键点中，婉转提到过军事规划在塑造社会空间方面是非常重要的，以及领土空间之组织化与调遣和突防的相对速度如何是相通的：

> 对不断扩大的领土**进行控制**，全方位对它进行扫描……同时尽可能少地遇上障碍，这种不可避免的情况已经不断为运输手段与通信手段的突防速度……以及武器射弹的速度之增加提供了佐证。

(Virilio 1994a：17)

> 因此，在诸社会的历史(the history of societies)中可以找到一种反映各种速度的层次(a hierarchy of speeds)，因为去占据大地，去占有地形，也就是去占据扫描它的最佳手段以便对它予以保护和防御。

(Virilio 1994a：19)

73　诸如此类的评论，证明了这种"竞速学的"视角是如何位居于维利里奥最早发表的作品中他所关注的核心的。这些评论使我们回想起第2章所讨论的速度-空间的念头，也就是说，空间是由相对移动和那些移动的相对速度或变化着的速度所定义的。在这种情况下，这与其说是一个身体定向和具身知觉的问题，倒不如说是一个根据军事规划的那些需要和可能来对环境空间进行规划和组织的问题。军事空间和速度-空间的这种基础性的相互联结及它们在政治空间之构形化(即城邦或城市之构形化)上所起的主要作用，导致了在战争与和平之间的区别变得更加普遍模糊。显然,这种模糊大体说来是维利里奥战争分析的关键特征之一,尤其是 20 世纪冲突分析的关键特征之一。在《地堡考古》中,他通过再次凸显那些防御工事所发挥的关键作用来表达这一点:

> 防御工事对兵器与装甲之间的偶发(the accidental)、对决(the duel)作出了回答,依靠其手段和方法之进步,依靠其发明之潜能,在领土之组织化上留下它的印记——因此,战争是在和平时期展示出来的。这样一种历史,它自我拆解(unravels itself),与民用生产史(the history of civilian production)并行;各种力量和能量在不断更新的冲突视角中无休止地发展,但是这种秘密且令人惊奇的生产却被忽略掉了。
>
> (Virilio 1994a:43)

维利里奥在《地堡考古》中对那些混凝土地堡之生存的记述,严格来说,是一种考古学(an archaeology),也就是说,试图凭借与其物质遗迹的一种邂逅而揭露过往隐藏的一面。为了理解战争在和平时期展示的方式,或者,更准确地说,为了理解区分战争与和平的那个边界实际上总是可渗透的方式,维利里奥凸显了那些混凝土地堡在纳粹德国的军事想象和政治想象中以及在作战与防御工事的更普遍历史中所发挥的关键作用。

在此语境下,那些混凝土防御工事不只是作为为排斥一种特定军事威胁而设计的防御结构而出现(如此看来,盟军部队在第二世界大战接近尾声的时候可能经由海上来入侵)。它们还充当了军事空间因而也是政治空间被构想的方式的指示物。实际上,维利里奥将这些混凝土结构视为第三帝国内在逻辑的纪念碑;它们见证了纳粹政权所固有的某种意识形态组织化模式（a certain mode of ideological organization），见证了一种或许无可阻挡地导致其毁灭的特定逻辑。在此语境下，他略微委婉地据实断言，"欧洲沿海地区的那些地堡从一开始就是德国梦的陪葬纪念碑"（Virilio 1994a：29）。首要的是，这些地堡见证了纳粹的许多政治思想和军事规划是如何围绕着德国人民对空间的特定构想和对居住空间的占用而被定向的。地堡或炮廓（即强化防护外壳）标志了西欧的某种领土组织化或领土热望（territorial organization or aspiration）的自然外部极限（the natural outer limit），并形成了该组织化模式的一个特定组成部分。在此语境下，维利里奥婉转提到了术语"欧洲堡垒"（Fortress Europe），也就是纳粹最高统帅部在欧洲大陆空间（the space of the European continent）中创造一种或多或少的均质独立生存体的热望，这样一种独立生存体的边界和内在组织化将受制于军事权力的控制。维利里奥据理认为，如果没有将欧洲空间预先投射为一种军事空间、一种根据纳粹意识形态的热望构想出来的堡垒，那么这些混凝土地堡之生存将是不可想象的："欧洲城堡是三维立体的，海滩上的炮廓补足了城市的飞机掩体的短处……空间最终均质化了，绝对战争已经变成一种现实（a reality），而巨石就是它的纪念碑"（Virilio 1994a：40）。在这里，这些混凝土地堡远远超出了它们作为用于保护某种特定发生地或地形的防御结构的实际用途。作为巨石，它们呈现了（take on）一种不朽的或象征的品质。它们代表某种征服或统摄一个大陆空间的热望。维利里奥对这样一个试图将如此巨大长度的欧洲海岸线予以军事化的计划的全貌发表评说："该计划之无限巨大有违常识；总体战争（total war）这时在其神话维度中被揭示出来"（Virilio 1994a：12）。

正是在这一神话维度的语境内，这些混凝土地堡可以被看作

是"德国梦的陪葬纪念碑"。作为防御工事,它们见证了第三帝国
的军事组织化,并因此与它的政治意识形态组织化(political and
ideological organization)有深深牵连。然而,它们也生存于漫长的作
战史中,按照维利里奥的说法,作战根据的是一种攻击和防御的辩
证法以及二者所固有的(加速或惰性的)那些相对速度而发展起来
的。在此语境下,这些地堡的防御特征显然在于一种惰性原则,换
句话说,它们将会阻止敌人的前进活动。这样一来,它们的功能就
狭隘地与地形或领土野心方面的空间拴在了一起。与飞机的突防
速度相比,它们几乎没有防御能力。维利里奥就大部分德国战略
聚焦于领土野心和以牺牲空军战略或海军战略为代价的陆地控制
的方式作出了相当详尽的评说(Virilio 1994a:29)。正是这种根据
欧洲堡垒的逻辑对领土、对居住空间、对边疆的军事化的执迷,授
予了这些地堡以它们战略上的防御重要性、它们神话象征上的重
要性,而且也使得它们具有了这样的意涵,即它们是作战史上的一
个关键契机,也是军事政治空间(military and political space)的建构
上的一个关键契机。

　　对维利里奥来说,第二次世界大战代表了军事规划史以及支
撑它的攻击与防御的辩证法上的一个决定性过渡。这是因为空军
轰炸的系统化引入,以及目标转向了平民人口、工业区或都市区。
这样就(在陆战和海战之后)以一种更加普遍的方式开放了又一条
战线,从根本上转换了军事战略,从而转换了军事空间的本性。如
果目的不再是通过纯粹地夺取领土来赢得一场战争,而是要借助
空袭摧毁都市工业基础设施(urban and industrial infrastructure)来赢
得战争,那么这些防御工事阻止行军横越国土的功能将不再具有
任何首要价值。空袭本身可以追溯到第一次世界大战。第三帝国
开创了轰炸都市中心的手法,第一次空袭发生在毁灭格尔尼卡

（Guernica）的西班牙内战期间,第二次空袭是第二次世界大战早期对伦敦的闪击。在后来的战争中,对更广泛的城市进行轰炸和摧毁,成为盟军所采用的军事战略的一个中心性或系统化的政策准则。维利里奥将这样一种战略对那些混凝土地堡防御价值的冲击作为一种决定性契机予以凸显:"欧洲各大城市的毁灭彻底毁掉了沿海地区和边疆防御工事的屏蔽效果"（Virilio 1994a:47）。

随着边疆不再是组织战略军事思维的关键防御线,边疆作为一种政治性的或地缘政治性的价值单位的特有念头就发生了变化。当数百英里的海岸线防御工事在军事空间的全面组织化和投射（projection）中变得不那么重要时,政治地缘政治空间（political and geopolitical space）的结构和组织化本身就可能开始转变了。这至少是维利里奥争论的焦点,因为他视这些混凝土地堡的过剩无异于一种巨大的地缘政治转形化的指示物。"这些混凝土地堡,"他坚决断言,"实际上摆脱了诸边疆的历史"（Virilio 1994a:12）。正如维利里奥本人在 1950 年代所做的那样,在战后时期与它们邂逅,就是要与军事政治组织化（military and political organization）的一种以往形式的物质遗迹邂逅。维利里奥再次强调了这些混凝土防御工事的不朽的或神话的维度:"这种混凝土界标指示了由领土基础设施引起的长久组织化所在的那个地方,从帝政的台阶（the steps of the empire）到国家的边界（the borders of the state）再到大陆阈限（the continental threshold）,来到了一个终结处。地堡已经成为一个神话"（Virilio 1994a:46）。这或许就是整部《地堡考古》的中心主题或中心论证。正是这样一种论证,将这些大西洋海岸碉堡的考古遗迹放在一个广阔的历史视野（a broad historical vision）语境内来观察,并首先将它们视为现代世界军事-政治定向（the military-political orientation）上的一个过渡时刻的指示物。

　　或许可以这样说,维利里奥在一堆毕竟是浇筑混凝土块的东西上,放置了一种不相称权重的意涵。然而,真正重要的当然在于,天空这条第三战线作为发动总体战争的一种手段的系统化开放,也就是说,一场战争不仅针对的是常备军队或军事据点,而且对整个经济体(the entirety of the economy)发动进攻,还把目标瞄向全体平民人口,尤其是高密度的都市人口。总体战争的逻辑可以被视为告知了第二次世界大战期间敌对双方的展望。它是在纳粹对欧洲堡垒、对由德国人民自行支配的一种均质化和军事化了的居住空间的热望中发挥作用的,当然,它显然在冲突高峰期间当局所使用的关于总体战(Totalkrieg)的豪言壮语中被明确宣告出来(例如,在戈培尔[Goebbels]1943年2月迫切要求发动总体战争的演讲与无线电广播中)。当城市遭到空中轰炸时,民用都市环境(the civilian and urban environment)的整体空间成为潜在目标,而那时没有任何一个地方能安全地避免军事攻击的风险,从这个意义上来说,被维利里奥最明确援引的第二次世界大战就是一种总体战争。这种总体化逻辑隐含在对反映空中攻击的第三战线的系统化开发运用中,对维利里奥的分析来说至关重要,因为它既支撑了他给予大西洋沿海地区的这些地堡以意涵,也支撑了他给予在空中轰炸出现后从它们的隐性过剩中紧随而来的战争新时代以意涵。这些防御工事的过剩无异于预示着所有武器中最强大的武器即核弹的到来。除了它们的防御能力及其即将过时之外,这些碉堡还象征了历史的一个转折点或一个交界点。它们标志了从与种种国家和帝国有关的那些领土战争(the territorial wars of states and empires)到一种新的战争的过渡时刻,在这种新战争的发生之处,总体毁灭的威胁是发动斗争的主要手段。用维利里奥自己的话说,"地堡是这样一个时代的原始历史(proto-history),在这个时代,一件单个武器的力量是如此之巨大,以至于任何距离都无法保护你不受它的伤害"(Virilio 1994a:46)。

总体和平-纯粹战争

也许维利里奥从他在《地堡考古》的分析中得出的、在随后的作品中建立起来的最令人震惊的结论之一,就是第二次世界大战并没有结束(Virilio 1994a:58)。总体战争的逻辑就是这样,战争状态本身变成了无限的。维利里奥得出这个结论,是因为他在欧洲和日本城市的空中轰炸与战后时期核武器对平民人口构成的灭绝威胁之间看到了一种本质性的继续性(an essential continuity)。如果那些边疆防御工事的过剩示意了总体战争的来临,那么它所暗示的核弹和灭绝威胁的出现就开创了一段维利里奥的术语所说的"总体和平"(Total Peace)的时期。在空袭总体战争(the total war of aerial bombardment)和核威慑总体和平(the total peace of nuclear deterrence)之间的这种继续性,默示了战后时期的战争与和平之间没有任何真正的区别,简单参照对广岛(Hiroshima)和长崎(Nagasaki)的核武器实际使用情况就可以捍卫这一观点。核装备的部署可以说是早已就位的轰炸都市中心的战略的直接延伸,与此同时,两个日本城市的毁灭显然结束了同盟国和轴心国之间的战争,这也是冷战即美国和苏联的核对峙的开篇。对维利里奥来说,核威慑的总体和平(the Total Peace of nuclear deterrence)是空袭总体战争(the total war of aerial bombardment)的一个反向延续(an inverted continuation),或者如他在与西尔维赫·洛特兰热的一次对谈中所言,"第二次世界大战永远不会结束……没有和平状态。它没有结束是因为它在总体和平(Total Peace)中延续,也就是说,在战争中通过其他手段继续进行"(Virilio and Lotringer 1997:30-

1)。在这里,维利里奥逆置了克劳塞维茨关于战争是政治的延续的声明,并将其转换为如下的表述:"威慑的总体和平(the Total Peace of deterrence)是以其他手段继续进行的总体战争(Total War)"(Virilio and Lotringer 1997:31)。

从这个视角看,声称第二次世界大战没有结束,也许并不令人吃惊,只不过这种说法从与众不同的角度清楚地重述了"冷战"(cold war)可能是什么的问题。维利里奥在1976年的《地堡考古》之后立即发表的作品中提出了这一论证,该作品题为"领土不安全"。他再一次强调了,第二次世界大战如何可以被看作是冲突史上的和由军事空间塑造的那些政治结构中的一个具有决定重要性的过渡时刻。在这里,他再次聚焦于空战的冲击:"总体战争是我们文明(/文明化)的一个阈限(threshold),某种程度上它就是第一次全球空战"(Virilio 1993:92)。从总体战争到总体和平的转变需要相当确切地在战争技术的语境下来理解,而在维利里奥看来,攻击和防御的辩证法为战争技术的发展供应了马达。在这一点上,他认为,从总体战争到总体和平的过渡是技术进步的一种隐含的必然要求,而技术进步将不可避免地增加武器装备的权力、速度和穿透性:"已然的是,总体战争在其内部携带了它技术性的自身超越(its technical self-surpassing),冷战,然后总体和平"(Virilio 1993:133)。然而,无论空中轰炸与核威慑可能看起来彼此多么不同,维利里奥据理认为它们事实上带来了同样的事态,也就是说,以平民人口的一种普遍化了的不安全感为基准,军事战略才得以继续进行:"这些相继战略的原则仅仅从国家边疆(national frontiers)内侧的平民不安全感的创造和扩大中衍生出来,这种不安全感几十年前是不可想象的"(Virilio 1993:133)。第二次世界大战没有结束这一坚决的断言并不单单是对战争与和平之间区别的一种抽象重

78

绘。对维利里奥来说,总体战争以总体和平的外貌延续,这暗示了部分平民人口中有着一种非常真实的居住不安全感(像经历过这一时期的那些人,都可以轻而易举地作证)。如前所示,维利里奥从更普遍的角度来盘问战争与和平之间的区别,此后他据实断言了和平时期时的战争之展相(Virilio 1994a:43)和"戒严状态之隐秘持久性"(Virilio 1986:11)。然而,第二次世界大战标志了两种状态的更普遍的渗透性被激化到了极点,甚至关于某一战争状态的经验与关于某一和平状态的经验从根本上变得更加模糊。对维利里奥来说,核威慑逻辑带来的无非是这两种状态之间区别的结束,并意味着"几个世纪的战争与和平之间的二选一的结束,总体战争的过渡(the passage of total war)达到了一种新未知状态:总体和平(total peace)"。如果,迄今为止,战争是在和平时期展示出来的,或者在一种"隐秘的戒严状态"中进入和平时期存续下去,那么,从今以后,这两种状态相互折叠,形成一种全新的军事政治形式(an entirely new military and political form)。

79   在后续的作品中,这种总体和平的状态密切联结维利里奥称之为"纯粹战争"(pure war)的那个东西。这两个术语的使用都与核威慑逻辑有关,而且可以说,"纯粹战争"成为一个远为包罗万象的理论术语,因为它不只更直接地暗示一种基于普遍化了的不安全感的军事战略,也开始代表某种全球性的、技术性的、经济上的甚至形而上的组织化的一种轮廓、国家(the state)的一种轮廓以及集体经验的一种轮廓。就二者都暗示了对以上描述的战争与和平的状态之糅合来说,纯粹战争类似于总体和平。在《常见防御与生态斗争》中,维利里奥表达如下:"**纯粹战争**(PURE WAR),既不是和平,也不是战争,亦不是如我们可能以为的'绝对的'或'总体的'战争,不如说,它是它的常年平凡中的军事紧急待命(rather it is the

military instance in its perennial ordinariness)"（Virilio 1990：35）。然而,可以说,"纯粹战争"这一术语,在维利里奥那里,进一步发展了"总体和平"中已经隐含了的一些假定。在《领土不安全》中,核威慑被描述成一种剥夺了作战的偶然因素的作战战略:"这种炸弹并不会阻止战争的发展,它抑制了一定数量的战争随机元素［危害］,同时将战略决策转变成其他范畴"（Virilio 1993：143）。这种炸弹,可以说是,"净化了"战场的诸多随机可能或偶然可能的那种战争,并将决策交给那些规划战略者、设置导弹发射井的决策者或者说真正按下核启动装置者。通常,维利里奥把核威慑的学说称为一种"阴谋,在其中科学和技术散发出它们的全部强势（all-powerfulness）,继而变成了各种神秘的轮廓"（Virilio 1993：140）。正是这两个方面,也就是,剥离战场偶然的战争,以及将技术权力提升到一种神秘的或形而上的轮廓层面,描述了维利里奥使用的术语"纯粹战争"的特征。战争在它的"纯粹的"形状中显现,几乎超越了冲突问题本身（per se）,成为对人的现实之整体（the whole of human reality）进行组织或进行结构的一种模式。它位于科学世界观或科技世界观中,换句话说,"战争在各门科学……一切使得认识场域正在走样的东西中操作出来"（Virilio and Lotringer 1997：27）。不同于总体和平,纯粹战争被视为与其说与一种特定冲突（例如,第二次世界大战）有关,远不如说是从科技发现的角度来说的。纯粹战争,对维利里奥来说,并不是"被拴在东西方之间的对抗上,而是被拴在作为科技来说的科学之发展上"（Virilio and Lotringer 1997：167）。说到底,它似乎描述了一种近乎宗教的态度,而不是一种特定的冲突模式:"纯粹战争（Pure War）是绝对的偶像……纯粹战争（Pure War）完全可以与古代社会的偶像相媲美"（Virilio and Lotringer 1997：164）。它是一种"终极形而上的轮廓"（Virilio 1990：102）。

这些引文所暗示的是1970年代维利里奥思想的发展。他在大西洋海岸线那些混凝土防御工事方面的沉思被嵌入一种关于战争技术的更宽泛的思考中。地堡的考古遗迹成为由反映空袭的第三战线的开放所带来的军事政治空间（military and political space）之转形化的一个关键象征。由此，维利里奥得出结论，认为第二次世界大战后的冷战时期从实际效果来看是一个总体和平的时期，也就是说，是战争通过其他手段（核威慑）的延续。进而，这发展成了一种纯粹战争的思想，这种思想更加明确地突出了支撑核威慑的科技意识形态，而科技意识形态既是一种对人的社会之整体进行组织的模式（a mode of organizing the whole of human society），又是一种塑造了集体性的现实观的形而上轮廓或信仰系统。实际上，维利里奥从塑造了社会政治空间（social and political space）的一种军事技术思想（a thinking of military technologies）转向塑造了我们关于现实的整体统握的一种军事-技术世界观思想（a thinking of a military-technological world view）。对维利里奥来说，纯粹战争成为支撑基于核武器的全球安全秩序的一种现代狂热崇拜、一种"军事-科学弥赛亚主义"（military-scientific messianism）。

也许我们可以据理认为，维利里奥对纯粹战争的记述太过于包罗万象，太过于沾染上他的基督教背景或者如史蒂夫·瑞德海（Steve Redhead）所说的"天主教式的反国家主义（Catholic anti-statism）"（Redhead 2004：85）。在他对现象学的身体本身（参见第1章）或者关于人（the human）的一种隐含的基督教构想（两者都把技术[the technological]摆在一个次要位置上）赋予特权时，维利里奥可以说是多了一点儿技术恐惧症，所以他过分强调军事科技思维的结构意识形态重要性（the structural and ideological importance of military and techno-scientific thinking)。不过,在这一点上也已经被表明的是,他对战争的普遍记述以及对地堡、总体和平和纯粹战争的更为特定的记述,是有价值的,因为它们使得我们能够去审问军事、政治、社会和意识形态空间(military, political, social and ideological space)如何在基础上可能深深相通。如果核威慑不仅要被理解成一种军事战略或军事学说,而且要被理解成一种与更宽泛的技术政治世界观(technological and political worldview)或者信仰系统不可分离的意识形态,那么维利里奥的分析有助于加深或者至少激发我们的理解。

正如他既往的诸多论证一样,首要重要的,是空间之本构化,是如同维利里奥的写作别处所谓的"速度-空间"中的调遣或突防的相对速率。归根结底,攸关之处在于,(军事)技术和速度-空间是如何相互作用以创造多种可能的空间组织化从而形成集体性的经验和意识(即社会政治生活[social and political life])的一些基本元素的。对维利里奥来说,空投炸弹、弹道导弹和核装备或核弹头的出现所提出的问题是基础性的和不容忽视的。然而,如果反映空战的第三战线的那些技术对于这样的估计来说是决定性的,那么维利里奥所谓的"第四战线"的来临也同样重要。

知觉后勤和第四战线

本讨论早就提出,作战的"速度-空间",正如维利里奥所认为的那样,与其说围绕具身知觉的那些问题而定向,远不如说关注的是加速和惰性的那些相对速度(分别对应于攻击与防御的那些模式)。然而,这一点仅仅在涉及他对作战的物资后勤的记述时才是适用的,比如当涉及突袭、武器装备与防御工事时。事实上,从《地堡考古》开始,他明确强调,使得战争成为可能的军事性的投射和规划从基础上来说也是一种知觉和再现的问题：

> 预期和无处不在是战争的要求，距离或者各种突出的障碍不应阻碍情报或侦察。一方面，你必须观察一切、聆听一切、知道一切；而另一方面，你必须创造出比任何自然所赐予的东西不知要严密多少倍的伪装和屏幕。

> （Virilio 1994a：43）

这与其说是关于具身知觉的，不如说是关于维利里奥所说的"知觉后勤"的。如果战争在其本质上是一个空间中的相对速度之问题，那么这仍然与关于空间的知觉不可分割。可以说，一方面，攻击调遣对应于对"观察一切、聆听一切和知道一切"的需求；而另一方面，防御调遣对应于"伪装和屏幕"的创造。因此，为了消灭敌人，一场斗争不仅要拥有摧毁敌人的武器，而且还要拥有正确地观察并瞄准敌人的能力。它不仅涉及拥有坚不可摧的防御或防御工事，而且涉及凭借各种伪装诡计或伪装模式对敌人能够观察到的东西进行操控。就这一点来说，"每一次冲突"，对维利里奥来说，"都是一种知觉的场域。战斗的场域首先是一种知觉的场域"（Virilio 1999：26）。这样一种知觉问题，确切地说是一种"知觉后勤"的念头，形成了维利里奥关于战争的第二股主要思想。

　　这一论证在起初发表于 1984 年的《战争与电影（第一卷）》（*War and Cinema I*）中得到了详细发展，其副标题就是"知觉后勤"（*Logistics of perception*）。上一章据理认为，维利里奥关于经验的"合身虚拟"的诸多论证很大程度上依赖于一种对 19 世纪末和 20 世纪初电影崛起所发挥的作用的记述。尤其据理认为，对维利里奥来说，与电影影像有关的这种"消相感性学"是电视、卫星和数字媒

体的虚拟展相的一个先兆。类似的发展可以追溯到 1914—1918
年,电影被表明在这期间战争的发动方面具有一种决定性冲击,某
种程度上这预示了广播媒体在当代作战中发挥的作用。在《战争
与电影(第一卷)》中,维利里奥重复了他关于作战和知觉的基本前
提,即"没有再现,就没有战争"(Virilio 1989:6)和"战场始终是一
种知觉场域"(Virilio 1989:20)。然后,建立在这一前提之上,他据
理认为,在 1914—1918 年,利用摄影进行空中侦察,将电影镜头画
面用于新闻和宣传目的,是改变作战本性的一个关键契机。根据
这一观点,战场上的摄影技术和电影技术使用的增加必然要求武
器装备本性的改变,也就是说,对远距离炮击和速射火炮的引入:

> 如果说第一次世界大战是历史上第一次媒介化了的冲
> 突,这是因为速射武器取代了大量的单兵武器。这是系统化
> 的手臂对手臂搏斗和实物性的对抗之终结,是在一个**除了突
> 袭信号弹以外**对手不可见或几乎不可见的距离处的屠杀的开
> 始,突袭信号弹示意了光学瞄准和望远镜放大的必然性、**战争
> 影片**和对战场的摄影复原的重要性,而且最重要的是预示了
> 执行操作时的观测飞行(observation aviation)。
>
> (Virilio 1989:69-70)

从这个意义上说,作战的两种不同的后勤,即武器和物资之后勤与
知觉和再现之后勤,似乎从基础上是相通的。由于在军事空间内
攻击的可能性变得取决于远处的迅速轰炸,而这超过了正常的或
直接的注视能力,所以更多的间接注视手段变得必要。我们仅需
要比较一下这二者,即一门大炮可能曾经如何根据直接视线来被
瞄准与炮弹根据计算出的轨迹和地图坐标绕行的瞄准,就能理解

83

维利里奥这里见识的意涵。各种摄影电影技术(photographic and cinematic technologies)在战争发动中的崛起,指向了一种"现代战争机器的权力、飞机和观测机器的新能力之间的合取(conjunction):空中摄影术(aerial photography),电影摄影式的物影摄影法(the cinematographic photogram)"(Virilio 1989:71)。

维利里奥在摄影电影技术的发展中又一次发现了一个从直接注视到间接注视的转变。沿着直接视线进行瞄准的行动被一种间接观看或者一种远距离观看取代,借此,人们可以通过相纸或赛璐珞这样的媒介来定位和瞄准敌人。在战场的军事空间中,这种转变显然重复了从直接观看到间接观看的过渡,按照维利里奥的看法,这种转变通常描述了20世纪早期摄影和电影发展的特征(正如前一章所讨论的)。与此同时,这种转变被看作对斗争和作战本身的本性具有基础性的影响,其影响远远超过了对敌人阵地进行定位和瞄准的过程。正在知觉到战场并对其进行再现这样的可视手段的引入,对维利里奥来说,无非意味着把战争本身转变为一种景观。

在此语境下,关于斗争的再现可以像任何爆炸的壳弹或炮弹那样成为一种可以左右敌人的武器或手段。不参考战争的象征维度,就无法理解这些新可视技术的重要性。在这里,战争不单单是一个实物性的压制或歼灭的问题,而且是一个控制敌人开战的精神、士气和意志的问题。按照维利里奥的说法,这种维度一直在作战中展示:

> 战争不能从魔幻的景观中脱离自身,因为这种景观的生产就是它的宏大目标:与俘获他相比,摧毁敌人更重要的是要迷惑他;这是一个在他死亡之前对他造成死亡恐惧的问题。
>
> (Virilio 1989:5)

随着摄影和电影的这种间接注视的发展,作战的这种景观维度越发地发挥更主导性的作用。维利里奥在《战争与电影》中的大部分分析都相当详细地追溯了电影作为一种战争宣传手段的发展。整部作品可以说被描述成一部电影技术与战争的关联史,尤其是被描述成这样一部历史,即在其中,作为一种工业形式的电影,在整个 20 世纪与相异面貌的工业化了的作战如何变得深深地交织在一起。例如,第三帝国的宣传军事机器(the propaganda and military machine)被显示为一种"工业性的战争与电影之间的潜移默化"的典范(Virilio 1989:58)。与第二次世界大战相比,确切地说,维利里奥感兴趣的是影片的那些技术和空战的那些技术是如何结合起来使得战争本身发展成为一种强大的可视景观的。夜间轰炸,伴随着引燃的炸药、探照灯、烈焰风暴,以一种有限形式,对物质空间产生破坏效果,但对见证这种景观的那些人来说,其冲击可能有着更为深远的破坏性(就像,例如,德国人在 1941 年闪电战[*Blitzkrieg*]期间以伦敦为中心点试着创造一场烈焰风暴,接着圣保罗大教堂[St Paul's Cathedral]毁于一旦)。维利里奥据理认为,在第二次世界大战中,军事技术与电影技术的结合使战争发展成为一种特别效果的景观,在盟军空中轰炸的冲突后期,它已经发展出了它的最高形式,"伴随着盟军对欧洲各大城市的空中进攻,突袭突然变成了一种声音与光的景观、一系列特别效果、一种注定要使恐惧人群的心智变得混乱的感染性投射"(Virilio 1989:78)。

这是壮观的夜间空中突袭跟电影的那些工业技术的聚变(the fusion),它将为与战后时期的战争所慢慢变成的那个东西有关的那些术语作出定义。在这样一个时期,"这种'知觉后勤'的决定性重要地位"脱颖而出,而在其中,冲突"现在是一种影像和声音的战争,它取代了实物的战争"(Virilio 1989:4)。在此语境下,维利里奥确认了作战发动中生存着"第四战线",也就是说,一条新的攻击与防御战线,它是对陆、海、空这前三条攻击战线的补充,甚至可能主宰前三条战线。工业性的战争与电影的共生始于第一次世界大战,然后在第二次世界大战中得以发展,导致了这种第四战线在现当代作战中系统化地开放。对维利里奥来说,爆发于1991年与伊拉克的冲突的方式最清楚地证明了第四战线所发挥的主导作用。在1991年冲突后不久以法语出版的《沙漠屏幕》中,他认为第四战线是"由传播、瞬时信息或毁灭制成的武器之战线,抵消了大地和天空之上的一切军事权力"(Virilio 2005e:2-3)。如此看来,由美国及其盟国在1990年代初发动的战争,不只是精确制导巡航导弹(或者当时人们所说的"智能炸弹")的电子战,还有,远为重要的是,战争开始被作为"信息战"来发动。在这里,反映通信的第四战线被系统化地用于操纵战争的再现和景观,以实现宏大军事目标。

当然,最近的一个例子可以在美国及联盟部队于2003年3月地面袭击伊拉克之前由五角大楼部署的"震慑"战术中找到。在这里,对巴格达市中心主要房屋和设施的有针对性的轰炸与对夜间爆炸的可视景观在世界各地实况转播结合起来。这种战略看起来很明显:通过对巡航导弹造成的无所不能的破坏威力的一种当下的(对于那些生活在巴格达的人来说)和一种媒介化了的曝光,可能令伊拉克的军队和平民人口望而生畏。在起初于1999年发表的一本题为"欺瞒的战略"(The Strategy of Deception)的作品中,维利里奥预见性地指出:"目标不再是过多地炸毁某种结构建筑物(a structure),使对手的基础设施(infrastructure)化为乌有,而是通过对所有连贯协调的活动的残酷打断,在他内心和周围散布一种普遍的崩溃和恐慌"(Virilio:2000c,54)。第四战线利用了现代媒体的全部资源,利用了维利里奥在别处所谓的电磁无线电通信

（electromagnetic and radio-electric communications）的"波动光学"，旨在征服冲突的空间,进而主宰敌人。

又一次地,维利里奥在破坏手段（例如,长程精确制导导弹和其他势不可挡的空中权力形式）与传播手段之间洞察到当代作战里的一种趋同（convergence）或合取。就像第二次世界大战中战争机器的工业能力和电影的工业能力联合起来使战争发展成一种声音与光的景观一样,那么在这里是,现代电子战中的传播技术与武器装备结合在一起:这场战争在美国有线电视新闻网和其他广播媒体上上演,就如同它本身在特定的剧场中上演。与此同时,它通过一个中央规划中心由电子数据传递或数字数据传递所提供的瞬时控制以电子形式而被控制。这就是维利里奥所说的"总体电子战争"（total electronic war）,媒体、通信和高技术武器装备的一种合取,这"导致了第四战线至高无上的地位",由此,"反映通信和瞬时操作控制的纯粹兵器从今以后胜过其他三条战线而占据上风" 86（Virilio 2005e：85）。

被作为"总体电子战争"来构想的战争之内涵同时是军事性的和政治性的。维利里奥自己从第四战线占据统治地位推演出来的最重要结论,关乎军事活动范围与政治活动范围二者中的时间经验。他据理认为,瞬时数据传递之时间性,不管它是武器控制的传递,还是惊人的毁灭影像的传递,都会导致时间延迟（the temporal delays）,从而使得谨慎决策和战略思考开始被削弱。这首要是在各种战斗情况自身的指挥与控制方面的经验中被感受到的,其中控制屏起到主要作用:

　　屏幕,因此变成了某一场战争的望远镜瞄准具（the telescopic sight）,在那里,每一个人的注意力都被调动起来,无论他喜欢与否。监控屏的视限取代了军事公报和新闻报刊，取代了对于分析和反思来说仍然必要的那种主流媒体。

(Virilio 2005e：21)

数据的瞬时传递之时间性就是这样，反射反应的那个瞬间必然主宰经过深思熟虑的分析和反思可能会发生的时间段（当然，这也让人回想起前面几章所讨论过的曝光之时间性）。这可能不只对军事战略和军事决策的执行产生冲击，也对更宽泛的政治意识之本性产生影响："在这一时期，军工科学后勤（military industrial and scientific logistics）将打败各种战略学说和描述确切的政治论证……多亏全球化了的信息网络和电监控，随着各种瞬时通信武器开始占据主导地位，这个时代开启了"（Virilio 2005e：7）。正如 1940—1945 年的总体战争以及随之而来的总体和平通过宣布废弃边疆防御工事从而转换了地缘政治空间的本性一样，那么，按照维利里奥的看法，总体电子战争通过遮住延迟和绵延方面的时间性之光（by eclipsing the temporality of delay and duration）从而转换了政治时间的本性，他据理认为，这就使得任何称得上是真正的政治的那种反思过程和成熟的论证过程成为可能。

与他的朋友、同为战争与媒体方面的思想家让·鲍德里亚不同，维利里奥并没有声称海湾战争没有发生（Baudrillard 1995：61-87），而是认为，信息战和电子战的主要后果（换句话说，战争主要在反映通信的第四战线的方面进行）修改了各种军事政治事件（military and political events）的"发生"就其本身而言（per se）的本性。在这一讨论的开始，大西洋海岸线上的第二次世界大战地堡遗迹被维利里奥据理认为见证了边疆的军事废弃，因此也见证了一个时代的终结，在那个时代，国家边界的地缘政治（the geopolitics of national borders)引起了战争。进而,这开创了威慑的时代、总体和平和纯粹战争的时代,在这个时代,一种军事科技逻辑(a military and techno-scientific logic)开始在一个基础层面上主宰政治生活。这同时也显示,维利里奥追溯了一种战争与电影在它们的工业形式中互动的历史,这样的历史观认为战争发展成一种可视景观,然后发展成多媒体电子战争,在这种战争中,通信与广播技术结合起来,形成了一种主导陆、海、空前三条战线的"第四战线"。纯粹战争和第四战线的发展深深植根于作战的各种新兴技术及其对军事政治空间之正在结构的冲击中。维利里奥似乎尤其关切的是,电子控制、瞬时数据传送与广播媒体的各种新技术开创了一种实空方面的经验的逐步缩减,代之而起的是现场直播传递之实时。他对战争的分析似乎重复了上一章所概述的他对虚拟化和现代媒体的冲击之分析,尽管是以另一种形式:"实时,也就是电磁互换(electromagnetic exchanges)的绝对速度,支配了实空,换句话说,支配了直到现在都是由进攻防守演习(offensive and defensive manoeuvres)引起的位置互换的那个相对速度"(Virilio 2005e: 85)。

从这个意义上讲,我们可以清楚地看到,维利里奥关于知觉、竞速学、虚拟化、战争和政治的所有论证都是紧密相通的。他在某一学科区域中所说的话的内涵,总是以一种一致的、要不然就是完全系统化的式样被其他人研究出来。这一点在他的写作中最明显地体现在军事(the military)与政治(the political)的不可分割性上,以至于紧接着下一章对政治的讨论不能同这里讨论过的涉及作战的各种论证分割开来。当维利里奥在《沙漠屏幕》中分析第四战线的结构和重要性时,他对当代政治之本性的关注不亚于对军事事态(military matters)的关注。正如他自己所说的:"因此,波斯湾战争的独特价值(merit)将是召唤我们从政治上对实时之挑战作出回应"(Virilio 2005e：93)。

88

小 结

维利里奥对战争及其与政治的关联的记述与他在都市上的兴趣以及他对空间和空间组织化的问题的兴趣紧密地息息相关。维利里奥将城市的起源置于战争中,置于把住所和其他社会活动集中在可以(通过诸防御工事或自然地理)被防御的那些区域之需要中。这样一来,维利里奥开始逆置了克劳塞维茨的战争是政治通过其他手段的延续之信念。对维利里奥来说,一切政治活动都起源于战争将地理地形塑造为地缘政治领土的能力。维利里奥最初在他的第一本作品《地堡考古》中发展了他的分析,据理认为第二次世界大战中诞生的那些混凝土防御工事标志了一个历史阈限(a historical threshold)。这些防御工事因都市中心的系统化空中轰炸的出现而变得多余,见证了领土边疆的地缘政治意涵上的一种转形化。这一转形化过程在主导战后时期的核威慑逻辑中延续下来。根据维利里奥的说法,威慑逻辑统治他所说的总体和平(Total Peace)以及随后的纯粹战争(Pure War)的状态。这两个术语作为两种轮廓代表了一种位于核战争威胁下生活的平民人口的普遍化了的不安全感中的国际安全状态。这种不安全感状态导致了对战争与和平之间区别的压制,并且支撑了国家(the state)作为一种高度军事化了的科技上的组织化形状(a highly militarized techno-scientific form of organization)的演化。维利里奥还通过分析新可视媒体在现代作战中的作用追溯了技术在战争中的作用。从两次世界大战中的空中摄影和电影技术的重要性,一直到现代卫星数字媒体（modern satellite and digital media）在当代战争中所发挥的决定性作用，维利里奥辨识出摧毁手段和传播手段之间的一种趋同。这种趋同决定了维利里奥所说的第四战线的逐渐出现。继陆、海、空之后，反映电子控制与媒体通信的第四战线已经成为当代斗争进行较量的制高点（the dominant terrain）。

5

政　治　

89

政治空间和政治时间

在任何传统的或易于辨认的政治立场内对维利里奥进行定位似乎是一项有点困难的任务。第 1 章一开始就指出了,他在一次对谈中把自己描述为一位"无政府基督徒(anarcho-Christian)"(Armitage 2001：20)。在同一次对谈中,他还声称自己很乐于接受"巴黎公社社员"(communard) 或"无政府工团主义者"(anarcho-syndicalist) 的标签(Armitage 2001：19)。在此基准上,我们可以据理认为,维利里奥的政治观点最好被认作是属于法国非主流的或非马克思主义的左派。这一声称与史蒂夫・瑞德海的看法背道而驰,他在《保罗・维利里奥:加速文化的理论家》(*Paul Virilio*：*Theorist for an Accelerated Culture*) 中用毫不含糊的措辞把维利里奥描述成一位自由人文主义者(a liberal humanist)(Redhead 2004：125,127,129)。按照瑞德海的说法,维利里奥的政治观点将或多或少地与"民主与选举政治方面的一个相当标准的自由民主立场"没有什么区分(Redhead 2004：127)。下文将据理认为,虽然称维利里奥为一位人文主义者肯定是对的,但是他的人文主义所采取的特定形式与传统的政治自由派(a conventional political liberal)所采取的有很大不同。尽管他确实认可某种民主理念的价值,可是他的人文主义使他对当代自由民主国家(the contemporary liberal democratic state)进行了高度批评,进而将他的政治观点塑造成一种与传统自由主义的许多方面截然不同的形式。

90 维利里奥远不是一个传统的自由派,他早年的情况证实了这一点,1950 年代初他参与了天主教工人神父运动(the Catholic worker-priest movement),并且与诸如阿贝·皮埃尔(Abbé Pierre)这类人物有密切关系(他在上述提到的对谈中婉转提到自己参与其中)(Armitage 2001:19)。事实上,维利里奥的政治观点不能参照我们在英美国家或讲英语的国家的政治传统(the Anglo-American or English-speaking political tradition)中所熟悉的比如"保守派"(conservative)或"自由派"(liberal)这些术语来解释,而是应该把它们与法国的人格主义运动(the personalist movement)关联起来理解,而人格主义思想是由埃玛纽埃尔·穆尼耶(Emmanuel Mounier)在 1930 年代发展起来的,他于 1932 年创建了颇具影响力的天主教评论《精神》(Esprit)。人格主义是一种政治学说,它坚决反对它所谓的"资产阶级自由主义"、个人主义与工业资本主义。它还非常反对一切形式的极权主义,反对现代国家的技术构序(the technological ordering of the modern state)。针对这一点,它试图促进这样的念头,即根据位格的价值(the value of the person)来组织一种共同体,换句话说,在这样一种共同体中,诸多位格与诸多位格性关系(persons and personal relations)将形成关键的参照点(而不是,比方说,那些与技术或科学进步、经济活动有关的念头或者那些与权利有关的抽象念头)。维利里奥关于政治的大部分思考与穆尼耶的人格主义思想是一致的,或者可以被看作是其主要关注和价值观的一种发展。无论是年轻时的维利里奥参与的工人神父运动的政治观点,还是他哲学导师莫里斯·梅洛-庞蒂的政治观点,都深深地打上人格主义的烙印。通常,人们不熟悉这种坚决反对现代技术国家(the modern technological state)、资产阶级自由主义和工业资本主义的思维形式,就很难正确识别或评价维利里奥政治立场的本性,或很难弄明白他的政治观。

同时,应该回想一下,对维利里奥来说,政治的根源在于城市的空间(也就是城邦的空间),如前一章所显示,城市的空间反过来又是由军事空间塑造的。任何试图评价维利里奥写作的政治维度的尝试,都还要铭记于心的是,他不是作为一位社会学家、政治科学家或政治哲学家,而是作为一位都市设计者和一位竞速学家来写作的(Armitage 2001:173)。他的兴趣是从速度视角更加普遍地审问诸政治结构、政治和政治的本性(the nature of the political),速度在这里被视为"现代世界的绝对命令"或"决定着的元素、绝对元素"(Armitage 2001:83-4)。正如本项研究课题从一开始就指出的那样,维利里奥首要感兴趣的是空间和移动,而说到政治,他首要感兴趣的是地缘政治与地缘战略,因为政治是由空间组织化与空间中的那些移动介体来塑造的(Armitage 2001:173)。

因此,接下来的行文将从对他来说最重要的视角出发,也就是说从空间之正在结构方面的视角和时间之经验方面的视角出发,来处理维利里奥写作中关于政治的问题。这两种视角在一个基础层面上都是由不断变化的运输与通信技术所提供的不同可能的移动或传递所塑造的。不管是城市、国家(the state)的空间,或者全球地缘政治空间的空间,还是现代"设时政治"(chronopolitics)的加速时间,速度对维利里奥来说始终是"决定着的元素"。许多评论者

91

在他们对维利里奥政治观点的判断上往往持批评性态度。对有些人来说，他的观点仍然太过艺术（/审美化/感性）（too aesthetic），"脱离了政治关注或任何形式的社会关注"（Leach in Armitage 2000：81）。对另一些人来说，比如对道格拉斯·凯尔纳（Douglas Kellner）来说，他对技术和技术国家（the technological state）的理解是有缺陷的——"过于消极和片面"——并且忽略了"新的计算机媒体技术（new computer and media technologies）的授权与民主化的方面"（Armitage 2000：103）。这些评论的言外之意或许是，在尊重技术和技术创新所引起的各种社会形式的相异性方面，维利里奥的取向最终有点保守或反动。本讨论的目的，不是批评维利里奥的政治观，而是凸显它的特定性。维利里奥的"无政府基督徒的"非主流左派主张对于他的许多读者来说可能并不具有说服力，然而可以说重要的是，这种观点能在各种现代政治地缘政治的现实情况（modern political and geopolitical realities）中散发不平常的批评光芒。

政治空间

在前一章出自《地堡考古》的记述中，军事空间和政治空间被维利里奥据理认为紧密地交织在一起，最终是不可分割的。空中轰炸的到来带来了那些边疆防御工事之废弃，这就预示了作为防御性边界的国家边疆之多余（the redundancy of national frontiers），与此同时通过核威慑、总体和平与纯粹战争的逻辑预示了种种地缘政治现实情况的最终转形化。维利里奥早期的许多作品，与《地堡考古》一样，聚焦于有史以来的地理地形是如何依靠军事活动范围内的突防、防御与控制技术而开始作为地缘政治领土来生存的。在许多方面，他的前四部作品（出版于1975年的《地堡考古》、1976年的《领土不安全》、1977年的《速度与政治》以及1978年的《常见

防御与生态斗争》),代表了对军事后勤和传递速度在直到 20 世纪 92
下半叶整个历史进程中的政治空间塑造上的冲击的一种扩展沉
思,尽管毫无章法。在这些作品中,维利里奥论述了运输与通信在
城市或城邦的诞生与发展中的重要性,并且据理认为国家(the
state)作为一个政治独立生存体起源于由穿过、控制与调查统计地
理地形所带来的诸多可能情况。正如他在《领土不安全》中所指出
的,他的分析始于其坚持认为,"必须认识到,政治首先是一种地
方:早期的城市(the City),共同体,还有国家计划(the project of the
nation)"(Virilio 1993:152)。

　　如果政治最初是一种地方或空间,那么它首要是一种被建构
的空间,也就是说,一种以某些方式被控制和塑造的空间。在此可
以回想一下,维利里奥将战争的起源追溯到历史上的某个时刻对
或多或少自发冲突的放弃,追溯到围绕着各种攻击可能与防御可
能而随后采取的军事战略思维和军事战略规划,而攻击与防御本
质上来讲则被看作是一个空间中的调遣之问题。按照维利里奥思
辨历史的看法,与定位在贸易和商业活动中相比,如果城市的诞生
可以更果断地定位在集中了的居住空间的防御工事中,那么政治
领土的诞生以及国家本身(the state itself)的最终诞生,乃是作为人
为活动的一个结果,或者更确切地说,是作为对空间的某种人为建
构的一个结果而发生的。这一在《领土不安全》的开篇制造出来的
关键点略显晦涩:"国家(the State)的诞生准确发生在它自己的本
是的设施当中,也就是说,发生在处于社会性之场域的特有中心的
它自己的场域的人为性之建构当中"(Virilio 1993:80)。国家
(The state),因此仅仅作为将地理地形转换为某种人为建构了的场
域的结果而生存,而这种场域则本构了地缘政治领土。在此语境
下,军事空间先于政治空间,按照维利里奥的说法,只不过因为正

是军事后勤,即反映防御、攻击、对地理地形予以调查统计与控制的军事后勤,是地缘政治领土本构上的对空间的任何人为建构之先决条件。这不是说维利里奥持有一种尤其僵化或本质主义的观念想法,认为军事事务就其本身而言(per se)优于平民事务或政治事务而居于首要地位。这只不过是说,相比于组织化的所有其他实例而言,他根据相对速度将空间之组织化与空间中的调遣的那些可能放置在一个原真位置上。以对空间的控制和突防以及空间中的调遣为基准正在建构出来的国家(the state),对维利里奥来说,天生就是速主上的,并且,根据定义,始终是一种征服计划(a project of mastery),正如他在《速度与政治》中指出的:"对于速主国家(the dromocratic State)来说,对地球的征服已经等于对它的维度的征服"(Virilio 1986:70)。

需要理解,维利里奥对国家(the state)的批评性理解,或者甚至可以称为他的"反国家主义"的东西,正处于这样的语境之下。也正是在此语境内,他的人文主义视角变得非常显而易见。由于国家构形化计划(the project of state formation)首要上是对空间的控制和征服之计划,那么,对维利里奥来说,它就不是一种必然面向人的个体之计划或者以人的位格为主要度量单位之计划。当维利里奥谈论国家(the state)时,谈论其起源及其构形化历史时,他主要是在谈论欧洲意义上的国家(the state in Europe)以及他所说的"西方国家"(the 'Western state')的兴起(当然,尽管空间中的调遣与对空间的控制方面的理论问题,可以与那些非西方国家[non-Western states]之发展构成关联)。大体上来说,他实证地(positively)谈论了城市-国家的古代模型或城邦,在《否定视限》中,他将其描述为"卓越的政治位点(the political site par excellence)"(Virilio 2005a:77)。城市-国家或城邦——由此应该被理解成控制着乡村腹地的某个都市政治中心(an urban political centre)之前现代构形化——似乎为维利里奥提供了一个政治共同体的模型，与继任它的那些各式各样形式的国家组织化（state organization）相比，它更能适应人的互动之刻度（the scale of human interaction）。事实上，在他描述现代国家（the modern state）的兴起时，他含蓄地将其与古代的城市-国家或城邦对立起来。根据他的说法，现代国家之构形化是这样一种计划，它追求的不仅是去调查统计和控制空间，而且还是为了施加一种对空间甚至更为全面的征服。它把它自己的场域的扩展作为它唯一的宏大目标或目的，于是"在对它的总体进行获取中"，它完全绕过了人之尺度（the measure of the human），或者就像维利里奥指出的："它与'人的模型'（human model）的关系完全被修正了"（Virilio 1993：57）。就实际效果来说，他将现代国家看作是正在根据一种不利于人之需求（the needs of the human）的逻辑而发展着："西方国家（the Western state）的兴起不过就是与所有其他现行事物相对逆的它自己的本是的膨胀"（Virilio 1993：81）。

国家（the state）自己的生存以及这种生存所依优于其他现行事物的生存及其所依，对于这一被肯定的国家（the state）趋势的加剧恶化，或许，维利里奥可能会认定，在现代技术国家（the modern technological state）的发展中达到了它最极端的程度。对维利里奥来说，"技术**国**家（the technological STATE）仅仅是以一个非常次要的方式需人的时刻，因为人的时刻代表了阻碍它运转的某种东西"（Virilio 1993：54）。一方面，不参照他的作为一种关于总体化着的（totalizing）（速主上的）控制和征服的场域之国家构想（conception of the state）；另一方面，不参照他的作为一种按照与人之强调结果的目的（the ends of the human）不相容的逻辑而扩展其自身的一种独立生存体之国家构想，我们便无法理解维利里奥对当代的政治和地缘政治的思考。正是在国家权力（state power）的

94

一种特定概念化这一基础层面上,他的人文主义,或者更确切地说,他将人的位格作为一种价值度量单位赋予特权,发挥了决定性作用。人格主义对维利里奥的影响在这一点上可以说是非常重要的。人格主义,作为一种思想形式,肯定了人的位格与诸多位格性人的关系(the human person and personal human relations)作为政治共同体的最终目的或宏大目标的首要地位,它从 1930 年代一开始就是反极权主义、反法西斯主义和反共产主义的,而且同时也将自己与现代工业资本主义及支撑它的"资产阶级的"自由主义之意识形态对立起来。换句话说,人格主义把它自己设定在反对所有那些现代形式的政治意识形态和政治组织化的位置上,这些政治意识形态和政治组织化试图把个体性位格(the individual person)纳入诸多非位格性进程(impersonal processes)中:一方面是一党(纳粹主义或共产主义)国家(state),另一方面是工业资本的统治。

这种人格主义思想的张力贯穿了维利里奥对技术现代性的记述,塑造了他对技术现代性的政治回应。下面这个段落来自《领土不安全》,描述了一座现代城市的空间,体现了他的典型观点:

> 广场和道路,横七竖八地充斥着汽车,空无一人,就像世界末日的城市的那个样子……技术权力在我们没有意识到它的情况下,已经在我们的意识的这种同步失效(desynchronization)中安置了自身,因为它远不止是一幅无人的权力图像,它是被隐藏在城市中但不再显示其自身的失踪市民图像,它隐藏在房屋、汽车之中,躲在了行政运转及其器具世界的背后。

(Virilio 1993:58-9)

对许多读者来说,这些坚决的断言似乎太过笼统,也太过消极,他们不能接受各种现代都市社会空间(modern urban and social spaces)就这样被相异的技术所渗透。当然,诸如此类的评论反映了在前几章中已经凸显过的东西,如维利里奥潜在的灾变式或天启式语调可能暗示了他的全局观中一种被夸大了的悲观主义。再次显而易见的是,对维利里奥来说,技术现代性的驱动力及其产生的那些政治形式与他所寻求肯定的人的位格这样一个维度是完全对立的。当他在 1970 年代开始他的写作生涯时,撰写了诸如《地堡考古》《领土不安全》《速度与政治》等作品,那时他的视角是由这样一种感受来定义的,即"目前处在进程中的……是最终(*the definitive*),可以说是终局,是西方国家(*the Western state*)对人的社会的削减"(Virilio 1993:129)。很容易比照这些评论去责备维利里奥提起技术时他的过度消极性,或者像尼库拉斯·佐尔布拉格(Nicholas Zurbrugg)一样,批评他"倾向于隐藏——实质上抹杀——所有积极的技术实践的痕迹"(Armitage 2000:193)。在某种意义上,终归,维利里奥的读者们不得不自己判断如何回应他的人格主义愿景,这一愿景,某种程度上,是他个人的,而且无疑是第二次世界大战前后法国基督教左派非主流政治中的某一特定时刻所特有的。

不管人们可能会对维利里奥政治思想的这种人格主义维度作出怎样的回应,他各式各样的分析中可以说引人注目的是,这些分析邀请他的读者们去对技术社会的那些关键方面和技术国家(the technological state)的政治组织化提出盘问或作出批评性回应的方式。他所提出的一些最原创的和最有说服力的见解,正如现在可以料想的那样,涉及(运输和通信的)传递速度是如何对国家(the state)内部的权力分配和国家本身(the state itself)的结构产生冲击的。不管是由高速运输所提供的诸距离之递减,还是由准瞬时通信所提供的"不同处境的超导性"(supraconductivity of different milieux),维利里奥都对其还没有"与集中的权力、权力的集中结伴而行(is not also, 'along with the power of concentration, the concentration of power')"(Virilio 1993:129)表示怀疑。因此,他所提出的这个重要问题,涉及技术创新可能是如何处在使那些现代自由民主国家(modern liberal democratic states)中的权力的本性和分配发生变化的过程中的。一如既往,维利里奥从空间的各种结构和时间经验的各种结构是借助哪些模式被组织起来的这个视角出发着手处理这一问题。他关注地缘政治空间之转形化,关注当代生活中政治时间性的变化着的本性。很明显,他甚至对我们民主的典范或者它实际现存的制度能否在高速通信与广播媒体的"实时"中维持下去表示怀疑。

在 1980 年代和 1990 年代期间,随着他的写作在诸如《丢失了的维度》《否定视限》(起初都出版于 1984 年)和《开放天空》(出版于 1995 年)等作品中的发展,维利里奥越来越聚焦于都市空间的变化着的政治意涵。他还聚焦于都市转形化是如何与全球地缘政治组织化上的那些变化相伴的。在此语境下,他认为现代运输与通信的传递速度的提高在都市中心的政治意涵方面正在产生一种负面冲击。这就引出了一种特定种类的去都市化(de-urbanization),他描述如下:

> 城邦(the *Polis*)不再是**卓越的**政治位点,传播手段的离域化(the delocalization)启动了一种人们难以理解的去都市化现象,这是因为它还没有在都市极核式集中化之位点(the site of the metropolitan concentration)上明显地爆发。人口的社会政

治问题(social and political problem)被从地方转译成互换与准
瞬时迁移的非地方(the non-place of exchanges and of quasi-
instantaneous migrations);**紧急状态变成了与一种时间之正在
填充(*a sort populating of time*)有关的新型城市,在那个"地方"所
在之处,戒严状态曾一度决定了空间之正在填充(*the populating
of space*)。**

(Virilio 2005a:77)

这不是一种牵涉对人口进行实物性排空的去都市化。不如说,这
里的攸关之处在于,可以称为政治或政治活动的位点的东西的变
化着的本性。维利里奥认为,伴随着现代运输与通信的发展,城市
的政治空间被逐渐削弱,取而代之的是一个时间维度而不是空间
维度。他在政治的活动范围之内描述了一种发展,这种发展与第3
章中所讨论的经验的"合身虚拟"描述的那种发展是同一的
(identical)。运输的加速迅速性与电信的瞬时性再一次被视为一
种对世界的空间、体积或广延的否定。对维利里奥来说,如果政治
也在城邦的空间中有它的起源,而且城邦或城市又反过来起源于
对空间的军事规划,那么由传递速度的加速所带来的空间广延(the
spatial extension)的重要性的下降,就必然对政治生活产生基础性冲
击。在此语境下,城市不再是一个物质空间,其政治意涵首要在于
对它的各种空间维度的征服。城邦的空间不再从基础上围绕控制
城市自身、捍卫它的界限与战略权力中心(皇宫、议会、政府大厦
等)来定向。维利里奥认定,在20世纪下半叶,都市空间丧失了
"它的地缘政治现实情况,转而拥抱诸瞬时传递系统"(Virilio
1991a:16)。政治的"地方"与其说是都市地形的物质空间,远不如
说是各种传播的虚拟"地方"以及它们所固有的实时之时间性。

97

政治时间

从城邦或城市的空间维度到高速或瞬时的互换、传动与传播的时间维度，政治的位点（the site of the political）上的这种转变，按照维利里奥的说法，已经塑造了 20 世纪后期的技术社会中的政治文化、意识形态与权力结构上的关键发展。例如，他认定，正是这一他提到的所谓"设时政治"的转向，支撑了该世纪最后三十年中最小国家（the minimal state）、自由市场、私有化与解除管制的意识形态上升到主导地位。早在 1978 年，维利里奥就把他授予"无政府资本家"称号的那些人所推崇的"**最低限度国家**"（the 'MINIMUM STATE'）描述成这样一种"**国家**（STATE），在某种程度上，它只能以**最低限度**（MINIMUM）显现，它的势力范围不在一种或多或少一动不动的领土体上，而在一系列无休止活跃的传播上，尽管如此，它仍然是不可见与不可知的"（Virilio 1990：94）。在《否定视限》中，他更详细地发展了这一观念想法：

> 与时间管理有关的经济体的过去与将来，代替了空间管理上的前与后中最邻近的那个东西；随着这种瞬时性的到来，权力移向一种假定的时间中心、与一种绝对活化有关的一种趋同轴心（an axis of convergence of an absolute mobilization），在那里，密集（the intensive）继任了广延（the extensive），在那里，**最高限度国家**（*the maximum state*）、**先见国家**（*the providence state*）突然让路给**最低限度国家**、**命定国家**（*the destiny state*）。
>
> （Virilio 2005a：78）

这里所使用的关于密集度与广延性的语言与第 2 章及第 3 章中讨论的维利里奥常用来言表他对光-时间、曝光之时间性以及经验之虚拟化的思考所使用的语言是一样的。现在这种语言不再被应用于由现代通信所介导的具身知觉的时间性或集体经验的时间性，而是渐渐成为理解政治发展的关键。实际上，维利里奥正在为国家控制意识形态（ideologies of state control）上的衰退、来自大政府政治的转变与新自由经济（neo-liberal economics）的兴起提出一种批评性解释。根据这种说法，政府所有制、社会的干预和管理上的信仰危机，已经描述了经济发达国家（economically advanced nations）的特征，这不单单是冷战终结或左派意识形态崩溃的一个结果，也并非说它单单是政治与反映技术"进步"的那些知觉到的必然情况保持同步的一个结果。正如人们所料，从他早期的作品开始，维利里奥就对旨在使所有政治社会发展（all political and social developments）从属于技术创新的进步意识形态提出尖锐批评（例如，Virilio 1993：122）。脱离他所谓的"最高限度"国家或"先见"国家，更多是因为现代技术以一定的方式修改了反映政治的位点或地方的那种基础性的空间时间正在结构（spatial and temporal structuring）。在这里，正是准瞬时的传播、互换以及数据传送之时间定义了城邦的空间或位点，随之而来的是由电子市场与全球资本流动引发的政治（the politics of electronic markets and global capital flows）以及管理反映政治（the political）的这种虚拟空间所必需的最小国家结构（the minimal state structure）。

98

事实上，维利里奥甚至进一步扩展了这个论证，他认为，在政治空间的合身虚拟中开创出来的不只是最小国家的政治那么简单。维利里奥据理认为，国家之间（states with each other）的疆界、界限以及相互关联也从根本上被转换了。随着意涵上的城市空间被缩小以及政治活动的位点转向数据传送与通信之虚拟领域,从这种转形化中涌现出来的最小国家不再首要植根于国家人口的地理现实情况(the geographical reality of national populations)。用来定义它的这个时间维度,也就是说实时传播,是无国民的(a-national),且首要是在它与位于全球相异中心的其他极为重要的传播点的诸多联结及相互联结中本构的。维利里奥用以下措辞表达:

> 在这些终端点与其他控制监视点中极度联结,不带国民意义的国家(the anational State)准备摆脱它跟都市人口的系缆,它的处境(milieu)因此是速度的那种非处所(the non-lieu)、非地方(the non-place),本质上是一种介体性政治的非领土(the non-territory),在那里,时间的预先显赫地位替代了空间的预先显赫地位(the pre-eminence of Time replaces that of Space)。
>
> (Virilio 2005a:95)

诸如此类的评论表明,维利里奥提出的记述不只是反映了 20 世纪晚期和 21 世纪早期政治中市场和全球资本流动的胜利。他所提出的记述还反映了在整个这段时期支撑着全球化的更广泛的支配力量。在《信息炸弹》中,他把全球化描述为"伟大的**全球统治主义**突变"(the great GLOBALITARIAN mutation),以及描述为一种"全球离域化(Global delocalization),它产生了身份的真正本性"(Virilio 2000a:10)。在国家(the state)的这一突变及其与地缘政治领土的广延、与各种边疆及都市中心的解缆分离中,围绕一种拥有共同身份与领土的人民来定向的这样特有的"国族-国家"

(nation-state)理念,是比以往任何时候都受到怀疑的。在维利里奥所描述的这种新型全球地缘政治场域中,最重要的不是像政治中心那样的城市,也不是像政治边疆那样的领土边界,而是信息中心的相互联结。这些中心本身可能是重要的城市(如巴黎、伦敦、纽约、东京等),但重要的是它们是如何被钩织起来去形成好像一种全球信息化-城市(a global information-city)的东西的,相比之下,城市本身的那种实际物质广延(the actual and material extension)只不过是一个局部市郊。维利里奥在《信息炸弹》中相当详尽地描述了这一过程:

> 这个**局部城市**(LOCAL CITY)已经不再是一个**行政区**(DISTRICT),而是除此之外的不可见的**全球元城市**(GLOBAL METACITY)中的某个地区(one arrondissement),它的**中心无处不在,而周长无处可寻**。
>
> 一个虚拟的超中心(hypercentre),其中真实的城市从来只是外围,这一现象随着乡村空间的荒漠化、寻常城市的衰落而愈加突出,寻常城市无法抗拒都市极核们(metropoles)长久的吸引力,全部电信设施以及高速空中或陆地运输连线都由这些都市极核支配。
>
> (Virilio 2000a: 11)

全球化了的世界,根据维利里奥的看法,是这样一个世界,在其中,19世纪和20世纪早期资本主义的以领土为导向的工业政治复合体(industrial and political complex)为由运输传递与电磁数据传递的各种高速度来维持的一种全球扩展了的信息化都市极核性复合体(a globally extended informational and metropolitical complex)所继任。这不是一种由某个拥有工业资本的阶级与工业无产阶级之间的对立所定义的政治情况。这种新的全球场域上的划分介于那些联结到新的实时城邦或元城市（meta-city）的人和那些被排除在外的人之间（Virilio 2005b，95）。因此，这种差异不单单是一种空间差异，例如，"第三世界"或发展中国家（developing countries）与"第一世界"或发达国家（developed countries）之间的空间差异。维利里奥的主张是，就最重要的是将权力、信息与经济活动集中到分布在全球各地的（从技术上被授权的）节点上而言，全球空间的那些传统地缘政治结构已经发生了改变。在这一点上，比如说，都市极核式中心（如欧洲、美国）与殖民地或后殖民地外围（如非洲、南美洲）从前的区别被巧妙地修正，因为重要的是，它们是否参与了"实时的"（即准瞬时的）信息化经济/金融活动（informational and economic / financial activity）的技术共同体，或者是否被排除在外。这种现象的例子并不难找。比如，仅需要想一想那些在以前的殖民地中心的田间、工厂、血汗作坊以及矿井中劳作的人们，而那些同一个国家（those same countries）的精英们则工作在数字联结了的与西式风格的都市行政区（他们拥有的高技术摩天大楼与办公楼，通常坐落在简陋的贫民窟或棚户区附近）。

这样说来，显然，维利里奥并不是认为现代全球化世界缺乏不平等。正如他已经指出的那样，他也不想通过坚决断言技术进步的必然性来捍卫全球化与现代资本主义的支配性威力。像往常一样，他的分析旨在揭露空间时间组织化（spatial and temporal organization）的一种或多或少隐藏的维度，以说明它的那些移动介体、传递速度以及它在我们关于空间和时间的集体经验和组织化上的全面冲击。正如本项研究课题自始至终所据理认为的，只有在这个基准上，我们才能对技术创新与技术发展的隐藏倾向作出一个批评性回应,而后,一种与(自由市场、私有化、解除管制等诸如此类的)技术官僚正统观念迥然不同的政治才能渐渐出现。

实际上,维利里奥指的是"实时"之政权,它统治由信息互换产生的全球元城市,是一种"实时之暴政(*tyranny of real time*)"(Virilio 1993:283)。他关注的当然是在设时政治这种新秩序中持续留存的诸多全球性的不平等。同时,也关注高速信息传递所固有的瞬时性与密集度的时间维度如何导致了一种关于民主的政治文化之枉费。维利里奥对现代设时政治的分析的主要关注点之一是这个问题,即是否实时之虚拟城邦和实时所引发的元城市是这样一个位点,它在任何方面都与任何可能恰似民主政体的东西是兼容的。在1993年重印的《领土不安全》的一段附言中,维利里奥提到了这样一种可能性,即我们所拥有的任何民主都可能会"随着一种新型暴政即实时之暴政的到来而消失,这将不再允许民主控制(democratic control),而只允许条件反射、无意识的自动行为(*automatism*)"(Virilio 1993:283)。他在1996年出版的与菲利普·帕蒂(Philippe Petit)的对谈中重申了这一点:

101

> 实时之暴政与古典暴政并无太大的不同,因为它倾向于清除公民的反思能力,以支持一种反射性行动(a reflex action)。民主与团结有关,不是孤立的经验,人们在行动之前需要时间反思。然而,全球实时当下要求部分电视观众具备一种反射性回应,它已经属于操纵秩序(the order of manipulation)。

> (Virilio 1999:87)

不管他的分析在某些人看来是多么悲观或消极,可以说,维利里奥关于"实时之暴政"的思考处理的是人们对当代民主的本性的那些真正关切,这些关切在 21 世纪初变得越来越广泛流行。在此语境下,尤其是政治与选举活动的媒体化,已经成为焦虑或不适的核心来源。例如,在 1990 年代与新千年的头几年,英国工党领导层与媒体大亨鲁伯特·默多克(Rupert Murdoch)的那些密切交往,导致了许多人质疑,政治影响力在多大程度上取决于未经选举的法人的利益而非选民自己。越来越令人关注的是西尔维奥·贝卢斯科尼(Silvio Berlusconi)在意大利政治中所扮演的角色,在 2006 年初之前,他是一个企业帝国的所有者,控制着全国大部分的广播媒体,同时也是执政党领袖兼(and)总理。同样,在美国,小布什(George W. Bush)政府利益、工商界利益与商业性媒体利益(尤其是鲁伯特·默多克的那些利益)之间的关联,自 2000 年这届政府的首次选举"成功"以来,一直以一种或另一种形式被不断地提出来。(实际上,布什政府本身已经被据理认为只是由商业利益与法人利益的代表们组成的。)1976 年,维利里奥询问是否现代通信所固有的"各种处境的超导性"也意味着"权力的集中"(Virilio 1993:266)。2006 年,在笔者撰写本项研究课题的时候,关于权力与影响力从民主机构(如民选政府、议会)向未经选举的法人的利益与技术官僚行政机构转移的各种问题比以往任何时候都更加频繁地出现了。

102　　　然而,正如上述引文所表明的那样,维利里奥并不是简单地关注权力与影响力在少数精英手中集中。(这在资本主义自由民主社会中可以说并不是什么新鲜事。)不如说,他关心的是,法人利益的这种增强了的影响力是如何来源于城邦本身的虚拟空间的本性以及"实时"之密集时间性的。对维利里奥来说,真正的暴政,或者商业性媒体权力及其附带利益的根源,在于经验在现代广播媒体

内被建构或被结构出来所采用的方式。在这里,维利里奥对政治
生活的分析与第 3 章末尾所讨论的他对电展相、远程景观文化(the
culture of tele-spectacle)以及远程影像的分析重新聚合在一起。在
此语境下,可以回想一下,他在诸如《视觉机器》之类的作品中提到
了"新型的视觉工业化"(new industrialisation of vision)的渐渐出
现、"一个名副其实的合成知觉市场的付诸实施"(Virilio 1994b:
59)。或许,今天的媒体大亨们控制或操纵集体性的意见和知觉的
方式与 20 世纪早期的那些极权主义国家(the totalitarian states)的
宣传方式完全不同。确切地说,在电展相的虚拟世界中,集体性的
知觉和经验的塑造及同步必然是一种人为的建构或再现。相应
地,那些持有媒体权力的人的普遍世界观或对世界的看法,将必然
趋向于塑造这种建构或再现之本性。一个很好的例子可能就是鲁
伯特·默多克对欧盟的敌意以及他的媒体对英国公共舆论的冲
击。无论英国人对欧洲的历史敌意有多么根深蒂固,可以说,在
1980 年代、1990 年代以及 21 世纪初,默多克印刷机的反欧论调尤
其塑造了一种特定的当代形式的反欧情绪。无论是直接的还是间
接的,这都可能营造一种舆论氛围,对英国正式加入欧洲单一货币
制产生冲击,使得对单一货币制的全民公投成为那些政府管理者
的一项政治自杀行动。

　　至少对维利里奥来说,更重要的依然是,虚拟展相或电展相的
密集时间性如何不是一种绵延和或多或少理性了的辩论与交流
(exchange),而是正如已经指出的那样,是一种情感冲动与反射性
反应。在《恐慌之城》中,他表达如下:

　　　　今天我们面临的威胁,不再单单是一种意见民主(a
　　democracy of opinion)将要取代政党代议制民主,而俨然是一

103   种**情感冲动民主**(DEMOCRACY OF EMOTION)之过量;一
种集体性的情感冲动民主,同时也是同步了的与全球化了的,
其模式很可能是**一种后政治电视福音布道主义**(*a post-political
televangelism*)民主。

(Virilio 2005b:37)

风险在于,现代广播媒体迎来了一个"同步纪元"(era of
synchronization),在这个纪元里,似乎我们个体的意见、看法或情感
冲动的东西是由那些与一种工业化了的视觉和知觉有关的支配力
量以及那种瞬间之时间性和瞬间响应之时间性所塑造的,而这属
于电展相的虚拟领域。这方面的一个具体例子可能是,在英国当
代政治中,政府大臣们经常被指控在一种或多或少临时安排的基
准上形成政策,尤其是移民、政治避难、法律与秩序方面的政策,并
以此回应来自新闻界的广播媒体或媒介文化的宣传或压力。当
然,这总是被否认。不过,维利里奥环绕民主和"情感冲动民主"问
题而展开的思考,提供了一种重要的理论视角,从中我们可以更深
刻地理解政治、媒体之间的当代相互作用(the contemporary
interplay)中以及一个数字化信息技术时代里的权力与影响力的变
动平衡中的攸关所在。

    尽管维利里奥的人格主义视角是坚决的,可是如果我们想要
从政治上对他所描述的情况予以拒绝或作出回应的话,他却并没
有给出一个明确的或程序化上的记述来说明我们应该采取什么样
的政治观点。在此语境下,他的写作是分析性的,而不是灌输性的
(prescriptive),它的目的是揭示隐藏的倾向,而不是命令我们对它
们作出回应。在这种情况下,他对政治的地方(the place of the
political)与设时政治的渐渐出现的全面记述,是为了揭示一种日益

技术官僚化的政治文化的一个隐藏的基础维度。实时与电展相的这种虚拟空间是与一种技术性的文化和基础架构（a technical culture and infrastructure）有关的空间，对维利里奥来说，这形成了政治活动的当代位点。他毫不含糊地警告说："这种技术文化没有民主化可言（there is no democratisation of this technical culture）"（Virilio 1999：33）。

　　不管维利里奥的读者可能会对他的人格主义政治作出怎样的回应，无论他们自己的政治观点可能是什么，他的竞速学视角可以说正是最引人注目的和最重要的。尽管维利里奥的写作是碎裂了的或者看似具有临时性质，但他思考政治的所有各个不同契机都相通，形成了一个连贯的视野。与城市或城邦的政治意涵上的衰退相伴的是，全球化的兴起以及全球元城市的信息化相互联结（the informational interconnectedness）。与领土空间与国家边疆（national frontiers）的政治意涵上的衰退相伴的是，最低限度国家以及自由市场、私有化和解除管制的意识形态的兴起。与国有制意识形态上的衰落相伴的是，权力与影响力日益集中在未经选举的法人和技术官僚精英身上，他们管理着由实时互换产生的虚拟维度。最后，伴随着这些精英的崛起，一种同步情感冲动民主（a democracy of synchronized emotion）占据支配地位，在那里，真实辩论与意识形态差异日益被各种声音片段与反射性反应（sound-bites and reflex responses）所取代。维利里奥的政治观有时可能显得过于悲观或消极。不过，作为一种与空间时间组织化的那些基础结构打交道的竞速学分析，它提供了诸多醒目的原创见解，它们的威力与穿透力使之对于任何试图理解21世纪初各种政治现实情况中起作用的那些支配力量的尝试来说都是不可或缺的。

104

小　结

维利里奥的政治观点需要在他早年参加 1950 年代天主教工人神父运动的背景衬托下以及 1930 年代由埃玛纽埃尔·穆尼耶发展出来的人格主义政治的语境下来理解。人格主义学说预示了维利里奥反国家主义的倾向以及他对技术在现代的政治社会组织化（modern political and social organization）中的作用的批评性理解。维利里奥关于政治（politics）与政治（the political）的思想引起了如下盘问，即现代运输与通信所带来的距离废除是如何冲击政治空间的结构的，尤其是，如何已经开始塑造现代自由民主国家（the modern liberal democratic state）之本性的，以及如何已经影响全球化进程的。维利里奥描述了一种转变，即领土地缘政治的空间维度被一种"设时政治"的时间维度所取代，这种设时政治被理解为对实时信息互换、市场活动与全球资本流动的管理。按照维利里奥的说法，设时政治的兴起支撑了新自由经济与最小国家主义政治（the politics of minimal statism）的兴起。它也塑造了通常被称为全球化的全球空间之正在重新结构。维利里奥还引起了这样的盘问，即现代设时政治与广播媒体可能是如何导致一种民主和民主政治制度及进程的枉费的。

105

艺 术

艺术的事故

维利里奥在 20 世纪技术同艺术及艺术实践的发展的关联上的兴趣贯穿了他的写作生涯。通常说来,从他在《消相感性学》(Virilio 1991b)和《战争与电影》(Virilio 1989)中关于电影的论述,到他在《否定视限》(Virilio 2005)中关于绘画的沉思或者他在《马达的艺术》(Virilio 1995)中关于"机动的"艺术的思考,他一次又一次地对现代艺术的地位以及新技术在艺术手法方面和艺术实践的多元化方面的冲击提出盘问。事实上,可以说,在他最近出版的作品和对谈中,这些问题已经变得更加占据主导地位,例如在《艺术和恐惧》(*Art and Fear*)(Virilio 2003b)、《论艺术的恐惧》(*Discours sur l' horreur de l' art*)(Virilio and Baj 2003)、《艺术的事故》(*The Accident of Art*)(Virilio and Lotringer 2005)以及《艺术,一望无际》(*L' Art à perte de vue*)(Virilio 2005d)中。尽管如此,对造型视觉艺术(the plastic and visual arts)在维利里奥的整体论述中所起到的重要作用却鲜有批评性关注。这可能是因为他对现代艺术的记述,就像他其他方面的思想一样,最初看起来相当消极,因此对艺术批评家们来说兴趣也就不那么大,也许他们定然在某种更积极的价值(value)或值得(worth)的基准上介入当代艺术生产。很明显,维利里奥关于欧美艺术当代状况的艺术论述极具争议性与批评性。

108 然而,如果说在涉及当代艺术状况时他是富有争议性的或批评性的,那么这是因为他坚信艺术本身就作为一种批评性的或对立性的表达媒介(a critical or oppositional medium of expression)而生存,并且坚信这种批评性的或对立性的功能几乎已经从近几十年的大部分艺术生产中消失殆尽。或许维利里奥当代艺术方面的论述最有趣的方面之一,是他以一种批评性式样提出了"当代"本身(the 'contemporary' itself)之问题。对维利里奥来说,艺术中的当代(the contemporary)这样的问题不单单涉及当前状态,也涉及新的创新手法,这些手法取代了那些已确立的形式并使得它们被废弃或淘汰掉。就他提出这样的问题而言,他试图把艺术的当前状态与其他现象关联起来,或者,正如他在《艺术和恐惧》中所说的:"当代艺术,是的,但是当代的同什么相伴而来(but contemporary with what)?"(Virilio 2003b:27)维利里奥坚决断言,只有我们首先介入艺术之文化,也就是说,介入塑造艺术生产的更广阔的世界,我们才可以对艺术问题予以回应。因此,并不令人惊讶的是,对维利里奥来说,20世纪晚期与21世纪早期的艺术以一种决定性方式同前几章中讨论过的速度技术、加速文化以及经验的合身虚拟相伴而来被知觉成当代的。他固执地认为,这一时期的艺术,在涉及速度、加速与虚拟化的这种当代文化时,没能发展出一种批评性的或对立性的表达模式。对维利里奥来说,艺术必然地被嵌入世界中,或者更确切地说,它起因于艺术家在世界中的生存并从其中获得它的生命。艺术不能,也不应该使它自身从世界以

及世界从属于变化而采用的那些相异方式中跳脱出来。这意味
着它不能且不应该脱离情境身体经验或者所谓的源于具身生命
的"人的感官"。维利里奥用以下措辞表达:"艺术作品不是教学
式的(academic),它不听从任何先入为主的设计";而它表达的
是,"看、听、臆测、移动、呼吸、变化的那个活生生身体的异乎寻
常的警觉"(Virilio 2002:71)。肯定某种身体视角与赋予情境具
身经验(situated embodied experience)以特权再度位列维利里奥关
注的中心。

受审的现代艺术

维利里奥所给出的对 20 世纪艺术的历史记述试图在一种双
重视角内构筑更宽泛的艺术生产文化:战争方面的视角与电影、视
频及数字媒体的技术创新方面的视角。他给出的记述可以说有一
些简略或简单化,并且肯定会引起许多人的争议。话虽如此,很明
显,维利里奥在这一双重视角内构筑现代艺术史,目的是将艺术生
产同技术创新如何转换了我们关于世界的经验关联起来。

首先,他提到了第一次世界大战与第二次世界大战的那些灾
难性事件,用以解释从立体主义开始的现代艺术中的原形(form)
与具象手法(figurative techniques)的再三剧烈解体。第 4 章显示
了,对维利里奥来说,20 世纪的两次世界大战是如何以技术创新为
决定性标志的:拿第一次世界大战来说,是就战场而言的炮击与间
接(从摄影、电影上)注视的发展,而在第二次世界大战中,则是就
平民人口而言的系统化空中轰炸的发展。维利里奥据理认为,这
种日益提高的作战自动化与机械化开创了暴力与恐怖的诸多新形
式,通常在参战个体艺术家们的经验上以及在艺术之文化上留下
了它们的标记。在与意大利的无政府主义艺术家恩里科·巴耶

109

(Enrico Baj)的一次对谈中,他讲了这样的话:"如果不把它与战争的恐怖,与被技术、气体、新型炸弹渲染得愈加可怕的那些战争的恐怖挂钩的话,人们就无法理解立体主义之后发生的事情,直到抽象艺术……"(Virilio and Baj 2003:47)由此看来,先锋派或现代主义艺术的相继浪潮中对原形造成的暴力,不只是直接针对传统或者针对观看世界或对世界进行再现的公认方式的一种批评性姿态。我们还不如说,描述了现代艺术特征的原形溶解是对新型战争技术所允许的日益增加的极端暴力的一种回应,或者更确切地说,维利里奥会说是对新型战争技术所允许的日益增加的极端暴力的症候表明。由战争引发的经验与艺术发展之间挂钩的一个明显的例子就是第一次世界大战期间达达运动(the Dada movement)的兴创。达达运动于1916年在苏黎世诞生,其代表人物包括特里斯坦·查拉(Tristan Tzara, 1896—1963)、让·阿尔普(Jean Arp, 1887—1966)以及胡果·鲍尔(Hugo Ball, 1886—1927)。这些艺术家和思想家代表了年轻的一代,他们强烈反对战争的恐怖。达达主义是一种造反运动。它代表了一种针对保守价值观与当时的政治权力的造反,其目的是与所有公认价值决裂并摧毁、威胁与颠覆它们。达达主义者们的靶子是艺术,也是文化与社会。他们的计划之极端,他们对损毁所有公认的艺术形式与语言表达或语言含义之渴望,作为由新型机械化作战的恐怖所促发的价值上的危机

110 的一种直接结果而出现。法国的超现实主义者也有类似的例子,他们在眼下的战后时期和1920年代非常早的时候与达达主义者紧密拴在了一起。安德烈·布列东(André Breton, 1896—1966)是超现实主义团体的领袖,并且与当时许多艺术家和知识分子一样,亲身经历了战争。超现实主义渴望摧毁那些旧有的文化形式与含义系统,为的是转换人的经验,从而创造基于无意识欲望解放的各

种新型本是方式。超现实主义者和达达主义者作品中发生的原形肢解,可以说与描述了第一次世界大战暴力特征的诸原形(诸身体、风景与城市风貌)的摧毁有所关联。维利里奥自己列举了一些20 世纪先锋运动中的杰出艺术家,他们直接参加了第一次世界大战或第二次世界大战(Virilio and Baj 2003:47)。他据理认为,现代艺术中对原形造成的暴力,首先是对诸身体的原形造成的暴力或维利里奥所说的"对诸身体的折磨……对诸身体的原形、所有身体的原形的折磨"(Virilio and Baj 2003:47)。正是这种针对身体的暴力,在定义了20 世纪大部分时间的战争与杀戮的机械化中走向极端,这解释了20 世纪艺术中的抽象之兴起与再现之弃用。

与此论证同时进行的是,维利里奥认为现代电影的发展也对艺术的形式发展产生了决定性冲击,而且尤其是对造型艺术。在第 3 章中,他"消相感性学"的念头被据理认为,描绘了电影是如何不同于雕塑或绘画而生产没有(例如,石头或画布以及油漆涂料的)持久材料支持的可感诸形状的。根据这一说法,将被回想起来的是,底片的那些影像仅仅生存于当光穿过赛璐珞时光的非物质性(the immateriality)中,并且仅仅生存于放映机的机动化机械作用内的赛璐珞本身的转瞬即逝的通过中。如果,对维利里奥来说,艺术是一种媒介,它首要起因于从人的具身中产生的感性经验,那么艺术作品中的这种物质耐久性(material durability)之丧失,通常来说可能很容易影响艺术表达的本性,或者正如维利里奥所说:"消相感性学也包含了感性认识(/审美)的正在消失之可能性"(Virilio and Baj 2003:25)。这里明显的言外之意是,电影的消相感性认识更宽泛的文化冲击(也就是说,它在观看与知觉的那些普遍结构方面的冲击)也将在艺术生产领域内被感受到。在《艺术和恐惧》中,维利里奥这样表达:

111　　**电影摄影机**（CINEMATOGRAPH）的发明从根本上修正了**曝
光之绵延**方面的经验、造型艺术的时间政权。在上个世纪，**电
影上的**（CINEMATIC）消相感性认识取代了曾在以往几千年
里生存的**静力学上的**（STATIC）显相。

（Virilio 2003b：73）

应该强调的是，维利里奥在任何时候都没有否认电影作为一种艺
术媒介的价值，他也不认为，比方说，雕塑或绘画是直截了当的高
级形式。事实上，在他整个生涯中，他一直与 20 世纪相异时期的
影片制作人接触或提及他们（例如，早期影片制作人阿贝尔·冈斯
［Abel Gance，1889—1981］、勒内·克莱尔［René Clair，1898—
1981］［在《消相感性学》中；第二次世界大战前期与后期的那些
影片制作人，如迈克尔·鲍威尔［Michael Powell，1905—1990］［在
《马达的艺术》中］；或者当代加拿大影片制作人阿托姆·伊戈扬
［Atom Egoyan，1960—］）。不如说，他认为电影作为一种显相媒介
（a medium of appearance），乃是基于一种消相感性认识，在更普遍
的艺术生产空间内开创了一种不同的逻辑、一种超出了具象问题、
形式问题或抽象表达问题的逻辑，这一逻辑支撑了他艺术与战争
方面的记述。按照这种不同的逻辑，艺术的再现功能，也就是说，
它的重现（re-present）世界形象的能力，被一种特定的"展现"模式所
替换。在他最近的一部文本《眼见皆艺术》（*Art as far as the Eye can
see*）（《艺术，一望无际》，Virilio 2005d）中，维利里奥使"诸事件的、
实时上的纯粹而简单的展现"与"作品的实空上的再现"相对立
（Virilio 2005d：107）。他还在别处暗示了他所谓的"**再现的**
（REPRESENTATIONAL）艺术之终结"以及一种"**展现的**
（PRESENTATIONAL）艺术"之统治（Virilio 2003b：35）。从实际

效果上说,他认为电影开创了一种感性认识经验模式(a mode of aesthetic experience),在这种情况下,影像与形状之展现优先于影像或形状可能再现的那个现实情况,且越来越开始模糊后者。维利里奥补充说,这种注视模式是由电影开创的,后来在 20 世纪后半期逐渐出现的视频技术与数字成像技术中得到了发展。例如,在抽象艺术中,艺术具象完全脱离了反映世界的可感诸形状,从而可以看出,展现(the presentational)超过了再现(the representational)而占据主导地位。可以说,它也在比方说视频装置或者其他现代艺术手法中展示出来,在这些手法中,位列于感性认识经验中心的是由展现所致的各种形式外表,而不是任何写实功能或再现功能(例如,在表演艺术或者其他类型的装置艺术中)。这种从再现到展现之转变,对维利里奥来说,是"技术机动艺术(technical and motorized arts)在造型艺术上面的冲击"的一种效果,"在这种冲击中,电影一直是介体、管道"(Virilio and Baj 2003:20)。

112

　　支撑这一现代艺术记述的双重视角,也就是说,一方面是战争的冲击,另一方面是机动技术媒体(motorized and technical media)的冲击。对维利里奥来说,它显然足以解释 20 世纪内的这种普遍性运动,凭借这种运动,艺术变得更加抽象、更加脱离具象手法与再现手法。这种运动,从维利里奥的视角来看,在许多方面是有问题的。正如他坚决断言的那样,如果,艺术是被嵌入世界中的,且从艺术家在世界中的感性的、具身的经验中渐渐形成的,那么艺术之技术化(the technization of art)以及与之相伴随的以牺牲再现为代价的展现越来越占据主导地位,将代表艺术可以做什么的一种正在缩小、艺术的活动余地与可能性的一种限制(would represent a narrowing of what art can do, a restriction of its scope and possibility)。在某种程度上,这种可能性的正在缩小是在打开艺术之门的手法

范围内显明的。维利里奥曾是彩色玻璃工匠,并与亨利·马蒂斯
与乔治·布拉克合作过,他显然担心的是,艺术之技术化可能导致
多种艺术手法的减少:

> 机动艺术,已经通过视频数字艺术(video and digital art),
> 促成了大量的再现手法的渐进消元(the progressive
> elimination)。不只是绘画科目受到攻击,被攻击的还有绘画
> 的手法,同样地,雕刻艺术和所有现存艺术的手法也都是
> 如此。
>
> (Virilio and Baj 2003:21)

因此,他关注的,不是去谴责,比方说,视频艺术本身(*per se*),而是
去盘问是否某些手法往往在某种程度上以牺牲其他手法为代价而
享有特权,从而导致"多元论消元(elimination of pluralism)"(Virilio
and Baj 2003:20)。然而,还有一个层面,也许更严重的是,现代艺
术内的可能性之正在缩小,在它与更宽泛的世界所维持的关联中,
与文化、政治及诸事件之世界所维持的关联中显明它自身。正如
艺术的手法可能会变得越来越受限制一样,维利里奥据理认为,艺
术批评性地介入集体性的人的经验之维度的能力也可能变得越来
越受限制。

这一论证在《艺术和恐惧》(Virilio 2003b)一书中被比较详细
地提出,该作品在2000年起初以法语发行,题为"*La Procédure
silence*"("沉默规程")。正如维利里奥自己指出的,这部作品当它
首次出版时,在法国饱受争议,尤其是招致了许多法国新闻媒体的
非议(Virilio and Lotringer 2005:21)。法语原标题在英语译本中以
113 "Art on Trial"("受审的艺术")为题出现。这里的法语"*procédure*",

被认为是一种司法过程或司法进展（a judicial process or proceeding）。在这个意义上说,艺术处在受审中,是因为在维利里奥看来,许多现代艺术在面对现代世界所带来的挑战时都有微妙的自身审查（the subtle self-censorship）。可能需要注意的是,"procédure"在法语中也指就所进行的过程而言的一种进展方法或"规程"（a method of proceeding or 'procedure'）。这里或许有一种含义方面的游戏。艺术遵循一种沉默规程或自身审查（a procedure of silence or self-censorship）,而这样就是受审。艺术的这种潜在罪责,对许多人来说,受到一种非常直截了当的政治现实情况即"**那些针对判决一句同意也不说的人**（THOSE WHO SAY NOTHING CONSENT）"（Virilio 2003b:74）的支撑。按照维利里奥的看法,现当代艺术痴迷于对原形进行批评性解构,并且偏爱展现要多于再现,对反映世内经验的各种紧迫现实情况沉默不言。维利里奥这样说:"作为沉默规程（procedure of silence）的受害者,当代艺术长久以来一直寻求背道而驰,换句话说,试图去实践**概念性转移视线**（CONCEPTUAL DIVERSION）"（Virilio 2003b:76）。艺术不是争取与世界的趋同（convergence）,而是以一种或多或少继续的而又系统化的式样,去追求背离策略（strategies of divergence）,凭借这种策略,各种具象性的、概念性的与再现性的形状都经受不断的去形化（deformation）与再形化（reformation）。对维利里奥来说,这是对艺术的一种核心责任的某种废除,或者,至少是对它作为一种批评对立媒介（a critical and oppositional medium）的基础可能性的某种抑制,并且某种程度上致使"当代艺术无法摆脱被动甚至无用之指控"（Virilio 2003b:93）。这一坚决的断言形成了维利里奥针对当代艺术所作出的激烈言辞的症结所在。从最基本的方面来看,这种激烈言辞坚决断言,当代艺术的场景在对待艺术手法的潜在相异性的态度上是狭隘而秘密的独裁者,并且它无法介入世界,无法理解、批评或反对反映集体性的政治社会经验的那些突发现实情况(emergent realities of collective political and social experience)。

在这个意义上说,维利里奥认为当代艺术自动地同晚期工业资本主义的媒体文化、同权力和财富在资本控股精英手中的集中有着深刻的共谋关系。在这一点上,他在各个不同的地方都是非常直接的:

> 从**视频艺术**(VIDEO ART)开始,没听到艺术市场方面的那些词语与事物背后所隐藏的大众媒体背景噪音,就没有人能听到对**概念艺术**(CONCEPT ART)的谈论。
>
> (Virilio 2003b:77-8)

114
> 可以肯定的是,所谓的艺术市场的通货膨胀,是一种谵妄(a delirium),它更多地是与跨国公司有关,而不是与艺术表达有关。
>
> (Virilio and Baj 2003:15)

在维利里奥看来,艺术市场不过是一个有关商品化或便利化的庞大企业,通过这样做,将艺术物件(the objects of art)降低到可交换的商品的地位,这样有助于回收由统治当代全球市场的电子资本流动所产生的大量过剩财富。这方面的典范是,查尔斯·萨奇(Charles Saatchi)在 20 世纪最后几十年的全球艺术市场发展中所发挥的作用。维利里奥提到萨奇时是相当尖刻的,他指出这样一种情况:"一位广告商可以把任何人变成一位能够通过卖出一张照片就获益百万的艺术家"(Virilio and Baj 2003:15)。他还例举了诸如杰夫·昆斯(Jeff Koons)和达米恩·赫斯特(Damien Hirst)这类人物,他们均为萨奇所促动,但是他们本身来说(*per se*)没有什么技术性的艺术才能(technical artistic talent)(因为他们倾向于采用现成品或集体工坊建造物)(Virilio and Baj 2003:16)。这种环境导致了维利里奥所描绘的一种"官方艺术",也就是说,一种由相对少量的博物馆负责人以及像萨奇这样的私人赞助者来监管的艺术,而这些人得以生存,是靠一种深深植根于当代媒体文化机制和全球资本机制中的艺术市场用钱堆出来的。正是这种情况塑造和维系了当代艺术之沉默,并从艺术中去除了它挑战与反对的能力。艺术的潜能,对维利里奥来说,"一直通过反对者与支持者之间的辩论维持它的生命",被"围绕某种共识、服从与沉默之规程而确立的一种官方艺术"(Virilio and Baj 2003:14)所压制。不管我们喜欢与否,正如维利里奥所说,艺术已经变得被动、同谋与无用了。

艺术的事故

正如前文所指出的,维利里奥在视觉造型艺术(the visual and plastic arts)的新近历史发展与现状方面的论述是具有争议性的和直率的,并且有可能被许多人非议为过于消极或片面。比如,任何人可以反驳说,当代艺术内的手法之范围并不像他声称的那样狭隘或具有限制性。举例来说,在笔者撰写本项研究课题的时候,克里斯·奥夫菲利(Chris Ofili)的工作成果突出表明,绘画并没有以维利里奥有时认为的那样完全从人们认可接受的那些经典形式中被抹去。任何人还可以反驳说,他对他所说的"机动艺术"的高度批评性理解,泄露出一种几乎没有掩饰的技术恐惧症态度,从而阻碍了维利里奥对近几十年来艺术如何探索技术的内涵、技术在经验和知觉方面的冲击以及技术对人来说意味着什么予以充分介入(所有这些维利里奥都予以卓越独到的关注)。

不过，再次值得注意的是，在他对技术及其在 20 世纪和 21 世纪现代性之文化政治空间（the cultural and political space）内的冲击的记述中，维利里奥始终拒绝承认自己是技术恐惧者或者悲观主义者。相反，在他与恩里科·巴耶的对谈中，他坚持认为：

> 我一点也不悲观。我想要实事求是，想要理解 20 世纪如何成为一个如阿尔贝·加缪所说的无情的世纪，这个世纪属于**泰坦尼克**（*Titanic*）、切尔诺贝利（Chernobyl）、奥斯维辛（Auschwitz）和广岛。任何人不应该悲观，但要实事求是。
>
> （Virilio and Baj 2003：36-7）

在 1990 年代和 21 世纪初，维利里奥发展出一种"事故"理论（a theory of the 'accident'），用以更充分地言表他对技术与技术创新的批评性回应。可能他这样做是为了反驳那些认为他的观点和分析具有过度悲观或技术恐惧特征的指控。有趣的是，他近年来发展起来的事故理论与他对艺术的理解紧密挂钩。事实上，在近十年的伊始，他艺术上的兴趣与日俱增，是与他对事故理论差不多持续不断的阐述同时发生的。

维利里奥曾以各种不同方式把自己描述成一位"技术方面的艺术批评家（art critic of technology）"（Armitage 2001：25）或一位"技术艺术方面的批评家（critic of the technical arts）"（Virilio and Baj 2003：51）。这些评论反映了他在技术与科技世界观方面的竞速学论述本身如何不是技术性的（technical）、社会学性的（sociological），也不是政治科学家的论述（that of a political scientist）。不如说，正如第 1 章所提出的那样，他的视角植根于视角问题本身，植根于对观看或正在知觉到世界的诸多基础方式的一种批评性取向中。就此来说，它可能与艺术而不是科学有着更多的共同之处。在与约翰·阿米蒂奇（John Armitage）的一次对谈中，维利里奥表示："我并不对技术本身（*per se*）感到烦恼，而是对它背后的逻辑感到焦虑"（Armitage 2001：25）。他认定，技术的这种隐藏逻辑之基础是诸事故之生存和必然发生。在他与恩里科·巴耶的对谈中，维利里奥以非常直接易懂的措辞总结了他的事故理论："没有诸事故就没有技术发明（technical invention）。每一次，一种技术被发明出来，一种运输技术、一种信号传播技术或一种信息技术，一个特定的事故就诞生了"（Virilio and Baj 2003：29）。在《原初事故》（*The Original Accident*）中，他进一步发展出这样的观念想法："一次船只失事就是……轮船的发明，空难则是超音速飞机的发明，正如切尔诺贝利是核电站的发明一样"（Virilio 2005c：18）。在同一作品的其他地方他补充说道："发明火车就是发明了脱轨事故。发明家用汽车就是为了在高速公路上生产堆积"（Virilio 2005c：27）。维利里奥用这种事故理论提出的是，技术进步永远不能从简单或直接的积极角度被瞥上一眼。传统的进步意识形态会告诉我们，技术发展的历史（the history of technical development）遵循一种不可避免的渐进式改进逻辑。根据这样的逻辑，人类发展出越来越有效的工具来控制自然世界以专门满足人的宏大目标与强烈愿望（例如，更多的物质财富，或者更加健康和长寿）。像这样的一种意识形态，维利里奥认为，在面对伴随着20世纪的技术发展（technical development in the twentieth century）而来的那些经常发生的灾难性事件时，它是不切实际的，或者更确切地说，它是不可持久的。在他对待技术的取向上，他的目的并不是单单通过倒转角度以致所有的技术发展（all technical development）都被视为消极而非积极的，来颠覆这种进步意识形

116

态。相反,维利里奥的主张是,我们以完全积极的态度看待创新的旨趣,这使我们忽视了它的消极方面。他的事故理论和他的研究工作,通常代表了一种"发现我们成功的那种隐藏真相"之尝试,试图提供一种他所谓的"**事故揭示**(ACCIDENTAL REVELATION)"的东西,但"绝不会是天启式的"(Virilio 2005c:28)。伴随各种技术成功,出现了各种无可避免的技术失败或技术事故,而这导致了维利里奥据实断言"从此以后,**使事故暴露出来**(EXPOSING THE ACCIDENT),必不可免"(Virilio 2005c:28)。

因此,在他的这种事故理论中,维利里奥的目的,就像在他别处的研究工作中一样,不是要消极或悲观,而是要揭露我们往往从积极的角度作出集体性判断的诸现象内所隐藏的消极性。传达消极与揭示隐藏的消极性之间的差异可能显得有些小,但对维利里奥来说,这样的差异绝对是具有决定性的。就他研究工作的目的是去揭示、暴露或挑战观看世界的公认方式来说,它遵循了一种与他认为是艺术和艺术品应具有的逻辑相似的逻辑。虽然他的写作117 主要关注技术问题、科技问题以及现代技术带来的加速文化,但是维利里奥在艺术与科学之间小心作了区分,并且使他自己的研究工作与后者而不是前者站在一起。正是在此语境下,他才开始谈到"艺术的事故",而且事故理论通常与他在艺术方面的论述拧成一股绳:

> 首要的是,艺术不是科学或技科学(a science or a technoscience)。艺术与科学是两种不同的东西。但是有一种艺术事故(an accident of art)吗?是的,艺术的事故就是再现。它是一个人开始差异地注视到世界。……借助于一种关于世界的新视觉,艺术家成为现实之创造者。如此一来,事故就是

通过一种视觉代替另一种视觉而本构的。艺术就是那更新了
我们关于世界的视觉的东西。

（Virilio and Baj 2003：30-1）

艺术的事故这个念头再次言表了维利里奥的信念，即艺术是一种
批评性的和对立性的表达媒介。不过，艺术的批评对立姿态不单
单是对各种现存形式的摧毁、论争或否定。这种姿态也不会把艺
术同任何特定的或程序化上的对立性政治观点或意识形态方面的
表达拴在一起。相反，这种对立姿态携带着创造和更新方面的积
极威力。那必然被艺术表达手法解散、舍弃或撤销的，是那些公认
的思考方式和观看方式。艺术的这种批评性的或者"事故性的"
（accidental）功能，对维利里奥来说，就是诸多艺术表达手法（如绘
画手法与雕塑手法，或者写作方面的手法）结合在一起，以某种新
异的方式显示或揭示世界。没有批评就没有艺术，没有艺术就没
有批评，或者正如维利里奥自己所言："如果你不能同时是一个批
评家，如果你不知晓如何批评你的所作所为，那么你就无法成为一
个艺术家。我，在我所有的作品中，都是一个技术艺术（the
technical arts）方面的批评家"（Virilio and Baj 2003：51）。

　如此看来，维利里奥关于现代艺术、关于现代艺术的沉默和关
于"艺术事故"的论述将这个讨论又带回开头几章的观点中去。在
前几章，他的写作被据理认为需要与他从他画家时的早期工作成
果中所提取的见解关联起来去理解，并且他的那些批评性视角不
是消极或悲观的，而是从一种介入知觉的政治之尝试（an attempt to
engage with the politics of perception）中发展出来的。过往三十多年
中，维利里奥发表了二十多部长篇作品以及数量更多的文章，他的

写作力求以一种紧迫感来回应 20 世纪以及当前的 21 世纪的技术变革给我们的悟性提出的挑战。他的写作是富有争议的、挑衅性的,并且以有时似乎是相当随意的或临时的方式发展出其各种观念想法。不过,从前面几章的讨论中可以明显看出,这种貌似随意的方式是由一种批评性思维的深层继续性和一种理论取向或"竞速学"取向的一致来告知的。为了使他的论述同艺术方面的视角对齐,维利里奥回避了社会学分析或政治科学的系统化方法。但是,他这样做是为了在一个基础的哲学概念层面(a fundamental philosophical and conceptual level)上进行一项批评性研究工作。在《原初事故》中,他坚决断言"一种'有关悟性危机的悟性'(intelligence of the crisis of intelligence)的紧迫性已经在 21 世纪初自我显示出来"(Virilio 2005c:19)。他认为,我们需要接受我们技术发明状态(technical inventiveness)的各种局限,并彻底反思我们在人的进步和技术创新的无限制状态上的信心。我们所需要的,无异于"一种后工业 **末世论**(ESCHATOLOGY)哲学"(Virilio 2005c:19)。维利里奥认定,我们所继承的联结着人性命定(the destiny of humanity)的那些信仰系统,也就是他在这里所谓的末世论,在理解我们技术性的当下或将来所可能面临的危险时是不够的。如果我们乐呵呵地假设人之命定(the destiny of the human)就是在地球的空间以及它的资源上面的不断增加的技术进步或技术优势(technical dominance),那么我们将永远无法理解或接受过往一百年里在那么多的灾难中自我表达出来的潜在消极性:两次世界大战、奥斯维辛、广岛和长崎、切尔诺贝利以及无数的其他事件,技术创新的力量已经决定了灾难性占比。这至少是维利里奥作为一位技术方面的艺术批评家所给我们的警告。艺术的事故,它那更新我们关于世界的视觉的权力,在他这样一种写作中发生作用,这种写作,作为一种整体,作为一种手段,正是对技术事故的必然性与不可避免性的理解和从哲学上对其作出的回应。

小　结

维利里奥将艺术的创造力看作是植根于艺术家们的具身感性世内经验(the embodied sensory and worldly experience)中的。因此,他相信,艺术作为一种表达媒介(an expressive medium),应该介入关于世内现实情况的再现,并且艺术具有一种批评对立功能。它应该挑战我们注视世界的那些公认方式,更新我们关于它的视觉。维利里奥就现当代艺术所提出的记述本身就是批评性的和对立性的。他把 20 世纪艺术里的原形溶解同它倾向于走向对两次世界大战在个人集体艺术经验(individual and collective artistic experience)方面的冲击进行更大程度的抽象化关联起来。他还这样看,现代可视媒体(电影、录像、数字摄影)逐步缩小了物质生存之空间领域,转而倾向于一幅图像的曝光或展现之时间领域,从而逐渐减弱了艺术的再现功能。现代艺术和当代艺术在此语境下逐渐成为各种形式,它们本质上是消极冷漠的,脱离了真实世界的各种现实情况和政治情况。在这种大背景的衬托下,维利里奥据实断言了"艺术事故",即艺术再现是如何推翻人们观看世界的各种公认方式从而创造出诸多新异的视觉形式的。对维利里奥来说,艺术的事故可以让我们能够对技术意识形态差异地作出回应,可以让我们理解技术发明(technical invention)那隐藏的消极性如何意味着各种技术事故是必然的与不可避免的。

维利里奥之后

　　鉴于维利里奥写作的广阔范围,他的研究工作在许多学科区域都有影响力就不足为奇了。他在战争国际关系理论(war and international relations theory)的场域中产生了冲击。他在媒体社会理论的那些学科区域中产生了越来越显著的影响,他的思想也预示了都市主义与生态政治(the politics of ecology)思考上的一些最新进展。他与西尔维赫·洛特兰热的对谈《纯粹战争》(*Pure War*)的出版,也许最能将他的写作介绍给讲英语的读者群体,结果就是,可以说在战争理论和国际政治的那些学科区域中,英语世界第一次感受到他的出现。在 1986 年的一卷题为"国际的/互文的关系"(*International / Intertextual Relations*)的文集中的一篇短文里,迈克尔·夏皮罗(Michael Shapiro)引用了《纯粹战争》(Virilio and Lotringer 1997),为的是分析他所说的"国际威胁的现代文本"(Der Derian and Shapiro 1986:20)。值得提起的是,纯粹战争,既可以被理解成一种基于普遍化了的不安全感(核威慑)的军事战略,也可以被理解成一种全球科技上的众国家之组织化的轮廓(a figure for a global techno-scientific organization of states)。根据夏皮罗的说法，纯粹战争，如维利里奥所详尽阐述的那样，为理解"国际威胁生产方面的一种政治视角的消亡"(Der Derian and Shapiro 1986：20)提供了一个关键的概念工具。在纯粹战争的逻辑中体现出来的科技世界观被认作是当代政治死亡的一个潜在深层次原因。

122　　　这种利用维利里奥的写作来言表关于战争、国际安全和国际关系的各种新思想方式的倾向，进一步被詹姆斯·德·代元(James Der Derian)所发展(Der Derian 1992, 2001)。在他 1992 年影响深远的作品《反外交》(*Antidiplomacy*)中，德·代元据理认为，维利里奥"几乎是单枪匹马地把速度问题带回社会政治理论(social and political theory)中"(Der Derian 1992：130)。那本与洛特兰热的对谈《纯粹战争》再次被引用，并且纯粹战争这个概念自身在德·代元的分析中起到一个关键作用。例如，他认为，"恐怖主义已经渐渐成为(纯粹战争的)最恶毒的表达"(Der Derian 1992：115)。他还据理认为，阅读维利里奥将有助于人们更深刻地理解安全与国际关系的战略场域被转换和被识别的方式，尤其是，空间被时间所置换是这一转形化中的一个关键元素。在随后的文章中，德·代元对国际关系中的现实主义理论进行了一种重新解释。现实主义作为一种国际关系理论起初是由汉斯·摩根索(Hans Morganthau)于 1948 年在《国家间的政治》(*Politics Among Nations*)中详尽阐释的(Morgenthau 1993)，而后由肯尼思·华尔兹(Kenneth Waltz)在他1979 年的作品《国际政治理论》(*Theory of International Politics*)中发展出它的"新现实主义"形式(Waltz 1979)。从广义上讲，现实主义国际政治观将国家间的关系(relations between states)视为一种由权力所定义的相互竞争利益的函数。它还强调了政治学研究内的合理秩序念头(the notion of rational order)。在谈到维利里奥时，德·代元据实断言"需要一种现实主义竞速学"(a dromology of realism)。他还再次提出,"时间性在世界政治中对空间性的压倒优势"要求我们重新思考国际关系理论的一些基本信条(Der Derian 1995:369)。他据理认为,竞速学,连同其他来自当代法国思想区域的重要概念,可以为国际关系理论家供应"新的解构工具和反外交策略来重新诠释现实主义"(Der Derian 1995:369-70)。德·代元并不是唯一汲取维利里奥来分析当代安全与国际政治问题的理论家。在斯蒂芬·贝斯特(Stephen Best)与道格拉斯·凯尔纳(Douglas Kellner)合著的作品《后现代冒险》(*The Postmodern Adventure*)中,他们吸收了维利里奥的分析用以发展出一种对后现代作战的理解。尤其是,他们阅读维利里奥为的是"阐明波斯湾电视战争的后现代特征"(Best and Kellner 2001:73)。他们的分析集中围绕着他对现代技术的加速速度以及各种当代军事武器系统所带来的加快摧毁步伐的考证(critique)而展开。就维利里奥将现代战争机器视为"技术增长的造物主"来说,贝斯特与凯尔纳据理认为,是维利里奥让我们能够思考技术创新(technical innovation)的消极潜能(Best and Kellner 2001:89)。

123

在媒体社会理论的场域,维利里奥的研究工作被用来理解由摄影、电影和数字媒体等技术发展所带来的现代文化之转形化。在《现代性视觉》(1998)中,斯科特·麦奎尔就 19 世纪末以来摄影在知觉、认知(cognition)与诸认识系统(systems of knowledge)的模式方面的冲击提出了一份扩展的理论历史记述(an extended theoretical and historical account)。尽管他利用了广泛的理论资源,但维利里奥的"知觉后勤"概念对麦奎尔的研究工作来说具有决定性的重要地位,尤其是,决定了他对 20 世纪早期电影所带来的各种知觉模式方面的转形化之分析。麦奎尔据理认为,电影"不仅生产了其他的知觉,而且还生产了另一种具身知觉"(McQuire 1998:80)。这显然使人回想起维利里奥的"消相感性学"和他对电展相的记述。紧随维利里奥之后,麦奎尔认为电影观众"可以自由地漫游许多世界,在时间和空间上不受限制……不过可能会失去所有的家园,因为此时此地在无处(the nowhere)之无限迁移中漂泊不定"(McQuire 1998:91)。麦奎尔对电视和"电视的知觉后勤"(television's perceptual logistics)的记述也跟随维利里奥。这种"电可视当下"(televisual present)是这样一种时间,它将瞬时性凌驾在属于绵延的那种历史时间之上,培养集体性的失忆并抑制经过深思熟虑的反思和判断(McQuire 1998:129-30)。维利里奥对现代广播媒体带来的经验之虚拟化的记述也在社会理论家肖恩·库比特(Sean Cubitt)的研究工作中得到了体现。在他1998年的作品《数字美学(/感性学)》(Digital Aesthetics)中,库比特引用维利里奥,并据理认为这种"虚拟之无限性"(infinity of the virtual)在当代生活里取代了天赐(the divine)的位置,而这给我们关于时间的集体经验带来了一种根本修改(a radical alteration),这样一来,"将来之外部扩张"变成了"当下之内部非物质化扩张"(Cubitt 1998:84)。维利里奥在库比特2001年的作品《拟真与社会理论》(Simulation and Social Theory)中占据了一块更大的地方。在其中,他据理认为,维利里奥让我们能够理解各种现代社会形式中视觉的电子中介化如何导致了"真相的重量、质量、庞大形体和深度之废除"和一种"人之内爆(implosion of the human)"(Cubitt 2001:61, 64)。维利里奥的思想不仅使我们理解了现代媒体所带来的经验之虚拟化,库比特认为,它还提供了有关虚拟化在主体性方面的冲击的深刻见识(Cubitt 2001:79)。

124 　　如果维利里奥对现代生活的合身虚拟的记述形容了空间经验

之消耗，其所偏爱的是一种日益占据主导的时间维度，那么都市设计者和环境思想家们应该对此感兴趣就不足为奇了。在一本题为"空间象形字"（*The Hieroglyphs of Space*）（Leach 2002）的文集中，萨拉·查普林（Sarah Chaplin）与埃里克·霍尔丁（Eric Holding）认为，维利里奥的关注点"撞击了一种有关城市的新型可视空间分析（a new visual and spatial analysis of the city）的核心"（Leach 2002：187）。他们据理认为，维利里奥可以提供诸多理论性视角，以便详尽阐述对所谓的"后都市"经验的批评性理解。在《后结构主义思想上的环境》（*The Environment in Poststructuralist Thought*）中，维丽娜·安德马特·康丽（Verena Andermatt Conley）诉诸维利里奥，为的是理解当代生活如何"在可测量的时间和空间的崩溃之后"发生（Conley 1997：84）。她将此与思考环境政治或生态政治（environmental or ecological politics）的那些可能关联起来。康丽指出，生态斗争（ecological struggle）的念头，一直是维利里奥研究工作的核心专注所在（Conley 1997：80）。维利里奥的写作使我们批评性地思考空间经验和主体性模式的转形化，可以帮助我们言表生态环境政治区域（the area of ecological and environmental politics）中的那些特定要求。尤其是，康丽认为，维利里奥可以帮助我们使"建立在诸时下关注空间（topical spaces）、即实经验（real experience）和诸共有论述之上的一种记忆的重新确立"的要求落地（Conley 1997：87）。

尽管维利里奥的研究工作已经占据了这样广泛的学科范围，但他的思想仍有可能在诸多学科区域中作出重要贡献，可它尚未产生显著的冲击。这些学科区域可能包括艺术批评和电影研究（例如，维利里奥对加拿大影片制作人阿托姆·伊戈扬的一卷作品作出了重要贡献）（Desbarats *et al.* 1993）。总之，维利里奥的思想无疑将继续为今后技术哲学上的贡献提供丰富资源。尽管他的立场显然同胡塞尔和梅洛-庞蒂的现象学思想拴在了一起,但这些立场仍然作为一种批评-哲学思想(a critical-philosophical thought)而引起人们的兴趣,而这样一种思想已经超越了现象学及其关键概念现象学意味的在场(phenomenological presence)。这在法国哲学家贝尔纳·斯蒂格勒于1990年代到21世纪早期着手完成的论技术(technics)与时间的作品中得到了证实(Stiegler 1994, 1996, 2001)。斯蒂格勒的《技术与时间》(*Technics and Time*)三部曲(将变为一部五本书组诗)可以说是当代法国哲学中的一个重大事件。它借鉴了20世纪许多重要人物的研究工作,如考古学家和人类学家安德烈·勒华古沆(André Leroi-Gourhan, 1911—1986)和技术思想家吉尔贝·西蒙东(Gilbert Simondon, 1926—1987)。它还对涉及时间性(temporality)问题的胡塞尔式的和海德格尔式的技术思考提供一种宽泛的德里达式的解构性记述。在这一方面,斯蒂格勒的研究工作坚决超越了经典现象学视角,这是因为它表明了人的经验在其起源的时候就被技术生活(technical life)所彻底渗透。斯蒂格勒据理认为当代文化正在承受着一个记忆工业化过程,这种记忆工业化修改了经验和诸事件逐渐展露的方式,维利里奥对斯蒂格勒的这种看法仍然具有一种关键性影响。维利里奥将这一点与各种直接传播模式的扩散关联起来,这些直接传播模式能够实时传递信息并努力减少先前由写作的那些手法来支撑的种种文化过程(cultural processes)(参见 Stiegler 1996:17)。

本项研究课题的开篇提请注意阿瑟·克罗克的作品《着魔的个体》,并引用他的评论:"当代法国思想由关于技术社会的一种富有创造性的、充满活力的与高度原创的记述构成"(Kroker 1992:2)。斯蒂格勒在技术(technics)方面的哲学研究工作越来越清楚地显示了技术问题在多大程度上彻底渗透到现代法国思想的主要方面。竞速学对斯蒂格勒等思想家的影响进一步凸显了维利里奥在新近当代法国哲学的更广阔地带内的重要性。这还显示了，维利里奥写作的兴趣绝不受限于他对那些与现象学意味的在场有关的念头的残留依附和他对知觉经验的一种丢失了的即时性的哀悼或怀旧。像经验的这样一种即时性可能确实会受到各种技术的侵蚀过程的支配，而这些技术在后工业社会极其彻底地渗透到文化中。是否这是一种内在固有的否定现象，这里是不能裁决的，同时这必将仍然是批评哲学辩论（critical and philosophical debate）的话题。

关键在于，维利里奥的写作开辟了一个关于技术现代性之本性的视角，而这与那些在公共辩论里突出的技术官僚论述完全不同。从本项研究课题的开始，维利里奥的作品就已经被据理认为具有挑衅性和争议性。这些作品的目的是打断我们观看世界的公认论述和惯常方式。植根于对知觉的政治的基础关注中，维利里奥的写作以技术作为其关键主题，为的是盘问我们集体性经验的各种更广阔的视限以及它们被结构与被组织的方式。如此说来，很明显，对于那些今后与技术的本性及其在人的知觉和经验上的冲击有关的批评哲学辩论来说，维利里奥仍将是一个不可或缺的参照点。

最重要的是，维利里奥的研究工作使我们能够着手处理那些与我们共有历史的本性、当代文化以及后工业社会可能采取的今后方向有关的基础问题。如果我们想要询问一些与 20 世纪尤其是最近几十年中人的社会发生了什么有关的基础问题，那么竞速学、虚拟化、电展相以及纯粹战争这些概念将会使我们以在维利里奥之前是不可能的种种方式去批评性地思考。可以说，技术变革的发生速率已经超出了传统概念应对这种变革的能力。如果是这样的话，那么使我们能够对如此快速的变革进行说明的新概念就非常重

126

要。同样地,社会政治转形化(social and political transformation)的发生速率,也可能潜在超出了我们以那些现有认识形式(existing forms of knowledge)来理解危险所在的能力。此外,由维利里奥发展出来的创新性的批评性思维可以被看作是理解当代世界及其今后发展不可或缺的手段。

事实上,维利里奥的研究工作就像它重视过去和当下那样,也同样注重将来。它为任何思考"后工业末世论"的尝试提供了丰富的资源。它提出了从基础上重新思考人性命定可能所是的东西(what the destiny of humanity might be)的种种方式。技术的那些最终目的和技术社会的那些宏大目标,在维利里奥之后,受到了挑衅性地和急迫地盘问。

　　几乎所有维利里奥的长篇作品都已经被翻译成英语。令人惊讶的例外是，他的第二本重要出版物《领土不安全》英译本最初问世于 1976 年。他最近的一些作品在笔者撰写本研究课题的时候还没有以英语问世。只有这些未翻译的文本被列入了它们原始的法语版本书目中。所有其他参考资料都是英文版的。在本项研究课题中所引用的所有维利里奥作品的英语译本都有所修改。

　　对于那些初涉维利里奥的人来说，最好的作品是 1984 年起初以法语出版的《否定视限》。这本作品涵盖了他的所有主要关注，涉及知觉、空间的建构、竞速学、媒体及战争。那些主要对维利里奥关于知觉、现代媒体和经验的合身虚拟的记述感兴趣的人，接着应该阅读《丢失了的维度》、《极惰性》和《视觉机器》。那些对他所给出的关于战争和政治的记述更感兴趣的人，应该抓住像《地堡考古》、《速度与政治》、《常见防御与生态斗争》这样的早期作品，然后进入像《沙漠屏幕》、《欺曚的战略》这样的后期作品。任何希望继续追索维利里奥关于现代电子数字媒体（modern electronic and digital media)的记述的人应该阅读《信息炸弹》与《开放天空》。因为维利里奥以一种开放式的、经常是片断的方式写作,因为他的各种见解和论证都是通过积累的过程而形成的,所以建议读者们多涉猎他的一些作品以便介入他的写作和避免依赖于任何一个文本。法语和英语中关于维利里奥的书与文章,请参见阿米蒂奇所列出的一份更全面的书目(2001:202-11)。

维利里奥的著作

Virilio, P. (1986) *Speed and Politics*, trans. M. Polizzotti, New York: Semiotext(e).

　　《速度与政治》(*Speed and Politics*)。起初出版于1977年,维利里奥的第一部作品审查了历史上速度在政治方面的冲击,这是他后来研究工作的一个关键点。

Virilio, P. (1989) *War and Cinema*, trans. P. Camiller, London: Verso.

　　《战争与电影》(*War and Cinema*)。审查了从第一次世界大战开始的摄影电影技术(photographic and cinematic technology)同战争发动的相互关联。

Virilio, P. (1990) *Popular Defense and Ecological Struggles*, trans. M. Polizzotti, New York: Semiotext(e).

　　《常见防御与生态斗争》(*Popular Defense and Ecological Struggles*)。在其中,维利里奥论述了作战的起源和军事空间的起源,还审查了社会空间与政治斗争如何被速度介体与运输模式所塑造。

Virilio, P. (1991a) *The Lost Dimension*, trans. D. Moshenberg, New York: Semiotext(e).

　　《丢失了的维度》(*The Lost Dimension*)。起初以"临界空间"

(*L'Espace critique*)为题出版于 1984 年,这是维利里奥在现代运输与通信所带来的空间转形化(the transformation of space)方面的举足轻重之作。

Virilio, P. (1991b) *The Aesthetics of Disappearance*, trans. P. Beitchman, New York:Semiotext(e).

《消相感性学》(*The Aesthetics of Disappearance*)。早在 1980 年,这部作品第一次介绍维利里奥思想中的这一关键念头。尤其是,它给出了一份对电影带来的各种知觉模式方面的转形化的记述。

Virilio, P. (1993) *L'Insécurité du territoire*, second edition, Paris:Galilée.

《领土不安全》(*L'Insécurité du territoire*)。这部作品扩展了维利里奥《地堡考古》的分析,并发展出诸如"总体和平"这样的关键政治概念。

Virilio, P. (1994a) *Bunker Archeology*, trans. G. Collins, New York:Princeton Architectural Press.

《地堡考古》(*Bunker Archeology*)。维利里奥将自己拍摄的大西洋第二次世界大战地堡的照片整合进对军事空间和政治空间之间关联的这种创始分析中。

Virilio, P. (1994b) *The Vision Machine*, trans. J. Rose, London:British FilmInstitute.

《视觉机器》(*The Vision Machine*)。这是一份对现代视觉媒体在个体性知觉和集体性经验方面的冲击的扩展记述。

Virilio, P. (1995) *The Art of the Motor*, trans. J. Rose, Minneapolis MN:University of Minnesota Press.

《马达的艺术》(*The Art of the Motor*)。维利里奥就现代视觉媒体在知觉和诸多感性认识(/审美)形式方面的冲击给出了一份

129

记述。

Virilio, P. (1997a) *Open Sky*, trans. J. Rose, London：Verso.

　　《开放天空》(*Open Sky*)。维利里奥继续他对现代媒体及其在空间之组织化与经验的合身虚拟方面的冲击的记述。

Virilio, P. (2000a) *The Information Bomb*, trans. C. Turner, London：Verso.

　　《信息炸弹》(*The Information Bomb*)。在这部作品中,维利里奥扩展了他对数字媒体和数字通信在诸多社会形式方面的冲击的记述。

Virilio, P. (2000b) *A Landscape of Events*, trans. J. Rose, Cambridge MA：MIT Press.

　　《一幅事件风景画》(*A Landscape of Events*)。在这部作品中,维利里奥据理认为现代技术已经改变了诸事件发生与历史时间性逐渐展露的方式。

Virilio, P. (2000c) *Strategy of Deception*, trans. C. Turner, London：Verso.

　　《欺蒙的战略》(*Strategy of Deception*)。维利里奥扩展了最初在《沙漠屏幕》中发展起来的对当代作战的记述。

Virilio, P. (2000d) *Polar Inertia*, trans. P. Camiller, London：Sage.

　　《极惰性》(*Polar Inertia*)。这是一部关键作品,在其中,维利里奥介绍了诸如光-时间这样的概念,并且他认为速度和电子注视方面的现代技术可能会使我们陷入一种静止不动和钳闭状态。

Virilio, P. (2002) *Ground Zero*, trans. C. Turner, London：Verso.

　　《归零地》(*Ground Zero*)。在这部作品中,维利里奥扩展了他对设时政治、当代作战与技术官僚上的文化社会组织化

（technocratic culture and social organization）的记述。

Virilio, P. (2003a) *Unknown Quantity*, London：Thames and Hudson.

　　《未知量》(*Unknown Quantity*)。这是一份维利里奥在巴黎卡地亚基金会(the Fondation Cartier in Paris)举办的一场展览的随附目录,在其中他发展出了事故理论。

Virilio, P. (2003b) *Art and Fear*, trans. J. Rose, London：Continuum.

　　《艺术和恐惧》(*Art and Fear*)。在这部作品中,维利里奥针对当代艺术的状态提出了一系列扩展的激烈言辞。

Virilio, P. (2005a) *Negative Horizon*, trans. M. Degener, London：Continuum.

　　《否定视限》(*Negative Horizon*)。维利里奥的一部举足轻重的作品,发展了他思想的所有重要主题和关注。

Virilio, P. (2005b) *City of Panic*, trans. J. Rose, Oxford：Berg.

　　《恐慌之城》(*City of Panic*)。维利里奥继续他对现代作战和"信息战"的考证;他还进一步发展了他关于全球战略空间(global strategic space)的思想,思考了速度对空间生态(the ecology of space)的冲击。

Virilio, P. (2005c) *L'Accident originel*, Paris：Galilée.

　　《原初事故》(*L'Accident originel*)。在其中,维利里奥进一步发展了他的事故理论。

Virilio, P. (2005d) *L'Art à perte de vue*, Paris：Galilée.

　　《艺术,一望无际》(*L'Art à perte de vue*)。在这一册子中,维利里奥继续他在当代艺术方面的沉思。

Virilio, P. (2005e) *Desert Screen: War at the Speed of Light*, trans. M. Degener, London: Continuum.

《沙漠屏幕:光之速度中的战争》(*Desert Screen: War at the Speed of Light*)。这是维利里奥对第一次海湾战争的开创性考证,被许多人认为是一次对后现代作战不可或缺的分析。

Virilio, P. and Parent, C. (1996) *Architecture Principe 1966 et 1996*, Paris: éditions del'imprimeur.

《建筑原则,1966 和 1996》(*Architecture Principe 1966 et 1996*)。本卷书收集了 1960 年代维利里奥与克劳德·巴夯合作的这本重要前卫建筑期刊的所有要点。它还收录了对这份评论的研究工作给出回顾性视角的材料。

Virilio, P. and Parent, C. (1999) *The Function of the Oblique: The Architecture of Claude Parentand Paul Virilio 1963-1969*, trans. P. Johnston, London: Architectural Association.

《倾斜之功能:克劳德·巴夯与保罗·维利里奥的建筑学, 1963—1969》(*The Function of the Oblique: The Architecture of Claude Parentand Paul Virilio 1963-1969*)。这是一份对维利里奥与巴夯合作发展出来的理论视角的记述。

维利里奥访谈

维利里奥是非常多产的受访者。下面列出的他所接受的那些对谈,已经被收集成完整的合订本。有关维利里奥英语和法语对谈的全部书目列表,参见下面列出的阿米蒂奇的《活生生的维利里奥》(*Virilio Live*)(Armitage 2001: 205-6, 209-11)。

Armitage, J. (2001) *Virilio Live: Selected Interviews*, London: Sage.

《活生生的维利里奥:对谈选集》(*Virilio Live: Selected Interviews*)。

一本与许多不同对话者的对谈集。

Virilio，P.（1997b）*Voyage d'hiver*，Marseille：éditions Paranthèses.

　　《冬之旅》（*Voyage d'hiver*）。一系列与玛丽安·布劳施（Marianne Brausch）触及都市主义与建筑学方面问题的对谈。

Virilio，P.（1999）*The Politics of the Very Worst*，trans. M. Cavaliere and S. Lotringer，New York：Semiotext(e).

　　《最严重情况的政治》（*The Politics of the Very Worst*）。维利里奥同菲利普·帕蒂一起讨论技术与政治。

Virilio，P. and Baj，E.（2003）*Discours sur l'horreur de l'art*，Lyon：Atelier de création libertaire.

　　《论艺术的恐惧》（*Discours sur l'horreur de l'art*）。维利里奥同意大利无政府主义者和先锋艺术家恩里科·巴耶一起讨论艺术。

Virilio，P. and Lotringer，S.（1997）*Pure War*，trans. B. O'Keefe，second edition，New York：Semiotext(e).

　　《纯粹战争》（*Pure War*）。维利里奥在与西尔维赫·洛特兰热的讨论中发展出了这个关键概念。

Virilio，P. and Lotringer，S.（2002）*Crepuscular Dawn*，trans. M. Taormina，New York：Semiotext(e).

　　《昏暗黎明》（*Crepuscular Dawn*）。维利里奥在他与洛特兰热的讨论中发展出了关于生命技术（biotechnology）的思想。

Virilio，P. and Lotringer，S.（2005）*The Accident of Art*，London：Semiotext(e).

　　《艺术的事故》（*The Accident of Art*）。维利里奥在这组对谈中继续他在现代艺术和事故问题方面的论述。

研究维利里奥的著作

下面列出的是致力于维利里奥研究的那些详尽作品以及现有的两个维利里奥读本。那些部分涉及维利里奥的作品已经在"维利里奥之后"一章中提到过了,并被列在了参考文献中。

Armitage, J. ed.（2000） *Paul Virilio：From Modernism to Hypermodernism and Beyond*, London：Sage.

约翰·阿米蒂奇编《保罗·维利里奥:从现代主义到极度现代主义及其超越》(*Paul Virilio：From Modernism to Hypermodernism and Beyond*)。一本论维利里奥的宝贵批评性文集,涵盖了他研究工作的所有重要方面。

Der Derian, J. ed.（1998） *The Virilio Reader*, Oxford：Blackwell.

詹姆斯·德·代元编《维利里奥读本》(*The Virilio Reader*)。一本入门维利里奥的精彩合集。

Redhead, S.（2004a） *Paul Virilio：Theorist for an Accelerated Culture*, Edinburgh：Edinburgh University Press.

史蒂夫·瑞德海著《保罗·维利里奥:加速文化的理论家》(*Paul Virilio：Theorist for an Accelerated Culture*)。第一本用英语发表的论维利里奥的完整独著。

Redhead, S. ed.（2004b） *The Paul Virilio Reader*, Edinburgh：Edinburgh University Press.

史蒂夫·瑞德海编《保罗·维利里奥读本》(*The Paul Virilio Reader*)。以英语出版的第二册论维利里奥的入门读物。

参考文献

Apollonio, U. (1973) *Futurist Manifestos*, trans. R. Brain *et al.*, Boston MA: MFA Publications.

Baudrillard, J. (1995) *The Gulf War did not Take Place*, trans. P. Patton, Sydney: Power Publications.

Benjamin, W. (1974) *Illuminations*, trans. H. Zohn, London: Fontana.

Best, S. and Kellner, D. (2001) *The Postmodern Adventure: Science, Technology, and Cultural Studies at the Third Millennium*, London: Routledge.

Clausewitz, C. (1968) *On War*, trans. J. J. Graham, Harmondsworth: Penguin.

Conley, V. A. (1997) *The Environment in Poststructuralist Thought*, London: Routledge.

Crosby, A. (1997) *The Measure of Reality*, Cambridge: Cambridge University Press.

Cubitt, S. (1998) *Digital Aesthetics*, London: Sage.

Cubitt, S. (2001) *Simulation and Social Theory*, London: Sage.

Davis, C. (2004) *After Poststructuralism: Reading, Stories, and Theory*, London: Routledge.

Deleuze, G. (2001) *Difference and Repetition*, trans. P. Patton,

London: Continuum.

Der Derian, J. (1992) *Antidiplomacy: Spies, Terror, Speed, and War*, Oxford: Blackwell.

Der Derian, J. (ed.) (1995) *International Theory: Critical Investigations*, Basingstoke: Macmillan.

Der Derian, J. (2001) *Virtuous War: Mapping the Military-Industrial-Media-Entertainment Network*, Boulder CO: Westview Press.

Der Derian, J. and Shapiro, M. J. (1986) *International/Intertextual Relations*, Lexington MA: Lexington Books.

Derrida, J. (1997) *Of Grammatology*, trans. G. C. Spivak, Baltimore MD: Johns Hopkins University Press.

Derrida, J. (2005) *On Touching - Jean-Luc Nancy*, trans. C. Irizarry. Stanford CA: Stanford University Press.

Desbarats, C., Lageira, J. *et al.* (1993) *Atom Egoyan*, Paris: Dis Voir.

Descartes, R. (1999) *Discourse on Method*, trans. D. Clark, London: Penguin.

Ellul, J. (1965) *The Technological Society*, trans. J. Wilkinson, London: Jonathan Cape.

Foucault, M. (1995) *Discipline and Punish*, trans. A. Sheridan, London: Vintage.

Heidegger, M. (1962) *Being and Time*, trans. J. MacQuarrie, Oxford: Blackwell.

Heidegger, M. (1993) *Basic Writings*, ed. D. Farrell Krell, London: Routledge.

Husserl, E. (1970) *The Crisis of European Sciences and Transcendental Phenomenology*, trans. D. Carr, Evanston IL: Nothwestern University Press.

Husserl, E. (1997) *Thing and Space. 1907 Lectures*, *Collected Works* VII, trans. R. Rojcewicz, Dordrecht: Kluwer.

James, I. (2006) 'Phenomenology in Diaspora: Paul Virilio and the Question of Technology' in *French Cultural Studies*, 17 (3), London: Sage.

Joly, C. (2004) *Claude Parent, Paul Virilio, Église Sainte-Bernadette à Nevers*, Paris: J.-M. Place.

Kaplan, D. M. (2004) *Readings in the Philosophy of Technology*, Lanham MD: Rowman and Littlefield.

Kroker, A. (1992) *The Possessed Individual: Technology and the French Postmodern*, New York: St Martin's Press.

Leach, N. (ed.) (2002) *The Hieroglyphs of Space: Reading and Experiencing the Modern Metropolis*, London: Routledge.

Leslie, E. (2000) *Walter Benjamin: Overpowering Conformism*, London: Pluto.

Martin, L. H. (1998) *Technologies of the Self*, Amherst MA: University of Massachusetts Press.

McQuire, S. (1998) *Visions of Modernity: Representation, Memory, Time and Space in the Age of the Camera*, London: Sage.

Merleau-Ponty, M. (2002) *Phenomenology of Perception*, trans. C. Smith. London: Routledge.

Morgenthau, H. (1993) *Politics Among Nations*, New York: McGraw-Hill.

Plotnitsky, A. (2002) *The Knowable and the Unknowable: Modern Science, Nonclassical thought and the 'Two Cultures'*, Ann Arbor MI: University of Michigan Press.

Smith, A. (1993) *The Wealth of Nations*, Oxford: Oxford University Press.

Sokal, A. and Bricmont J. (1998) *Intellectual Impostures: Postmodern Philosophers' Abuse of Science*, London: Profile.

Stiegler, B. (1994) *Technics and Time* I, *The Fault of Epimetheus*, trans. R. Beardsworth and G. Collins, Stanford CA: Stanford University Press.

Stiegler, B. (1996) *La Technique et le temps* II, *La Désorientation*, Paris: Galilée.

Steigler, B (2001) *La Technique et le temps* III, *Le Temps du cinéma et la question du mal-être*, Paris: Galilée.

Sun Tzu (1963) *The Art of War*, Oxford: Oxford University Press.

Waltz, K. (1979) *Theory of International Relations*, Reading MA: Addison-Wesley.

Wilmotte, J.-M. (1999) *Architecture intérieure des villes*, Paris: Le Moniteur.

索 引 [1]

保罗·维利里奥思想源流简图[1]

清 宁 绘

现象学
埃德蒙德·胡塞尔
莫里斯·梅洛-庞蒂

格式塔理论与完形心理学
保罗·纪尧姆以及整个柏林学派：沃尔夫冈·科勒、马克斯·韦特海默、库尔特·考夫卡等

相对论与量子力学
阿尔伯特·爱因斯坦
保罗·狄拉克
沃纳·海森堡

生命哲学
昂利·柏格森

当代文化理论
齐格蒙特·鲍曼
加里·基诺斯克
斯科特·拉什

后结构主义
米歇尔·福柯
吉尔·德勒兹

后现代主义
让·鲍德里亚

国际关系领域
詹姆斯·德·代元
迈克尔·夏皮罗

维利里奥

技术哲学
贝尔纳·斯蒂格勒

媒介文化领域
斯蒂芬·贝斯特
道格拉斯·凯尔纳

当代社会批判理论
哈特穆特·罗萨

建筑学
让·努维尔

电影导演
阿托姆·伊戈扬

媒介社会理论
斯科特·麦奎尔
肖恩·库比特

都市设计与生态政治

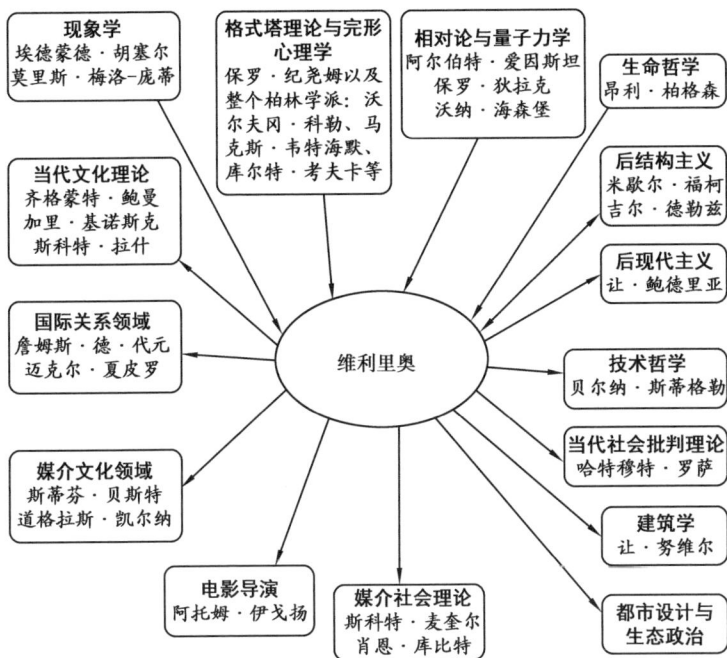

1 维利里奥的某些观点与福柯、德勒兹及加塔利的某些观点应该被看作是模糊的趋同关系，而维利里奥的许多观点虽然对鲍德里亚有影响，但二者的许多立场是不同的。这一点，维利里奥专家约翰·阿米蒂奇教授也予以总结过。——译者注

跋

2018 年 9 月 10 日,保罗·维利里奥因心脏病去世,享年 86
岁。我也是在一周后才得知消息。特补写点东西,以示悼念。借
用法国《世界报》(Le Monde)2018 年 9 月 18 日的报道来总结维利
里奥,那就是:"作为都市设计者、哲学家、散文家和活动家,维利里
奥一生非凡出众,其作思想自由,富有远见卓识。"(Urbaniste,
philosophe, essayiste et homme d'action, Paul Virilio s'est distingué
tout au long de sa vie et de ses œuvres par une pensée libre et
visionnaire.) [1]

要把握维利里奥的思想特点,首先得掌握现象学和完形心理
学,特别是胡塞尔的晚期思想以及由此发展出来的梅洛-庞蒂的知
觉现象学,还有为完形心理学奠基的格式塔理论。维利里奥自己
明确讲道:"这样,正是在完形心理学、格式塔理论与知觉现象学的
十字路口,我定位了我自己。"[2] 他接着还说:"除此以外,当然还要

---

1 《Mort de l'urbaniste, philosophe et essayiste Paul Virilio 》, dans Le Monde, 18.
09.2018.

2 Virilio Live: Selected Interviews, ed. John Armitage, London: Sage, 2001, p.18.

加上对爱因斯坦,对那个时代的大科学名流的阅读,狄拉克,海森堡,当然了,还有柏格森。"[1]

值得反复思索的是,维利里奥的现实观非常特别,表面上我们可以说维利里奥关心的是速度及其所带来的所谓的"极度现代主义"(hypermodernism)的后果,实际上在这些问题的背后支撑他的是他对现实本身的独特看法。在维利里奥与艺术家杰宏·尚斯(Jérôme Sans)的对话中,他提到"现实不是简单指定的,而总是由一个社会在其历史的任何一个特定时刻的各种技术和发展模式所产生的"。[2] 维利里奥接着说:"而在这方面,速度是一种再现元素/有几分再现的意思(speed is an element of representation):它服务于视觉的功能,而不是向前运动的功能。一台粒子加速器为此就是一架望远镜的等价物。"[3]

维利里奥由现象学出发进入技术哲学,这条路径的威力势必在当代思想地图上继续发酵。谨志纪念新近故去的维利里奥先生。

清　宁

2018 年 9 月 27 日

1　*Virilio Live*: *Selected Interviews*, ed. John Armitage, London: Sage, 2001, p.18.

2　Ibid., p.116.

3　Ibid., p.116.

图书在版编目（CIP）数据

导读维利里奥/（英）伊恩·詹姆斯著；
清宁译.--重庆:重庆大学出版社,2019.12
（思想家和思想导读丛书）
书名原文:Paul Virilio
ISBN 978-7-5689-1874-9

Ⅰ.①导… Ⅱ.①伊…②清… Ⅲ.①保罗·维利里
奥—哲学思想—思想评论 Ⅳ.①B565.6

中国版本图书馆 CIP 数据核字（2019）第 249822 号

导读维利里奥

[英]伊恩·詹姆斯 著
清 宁 译

策划编辑:贾 曼
特约策划:邹 荣 任绪军
责任编辑:贾 曼 邹 荣 版式设计:邹 荣
责任校对:关德强 责任印制:张 策

*

重庆大学出版社出版发行
出版人:饶帮华
社址:重庆市沙坪坝区大学城西路 21 号
邮编:401331
电话:(023)88617190 88617185(中小学)
传真:(023)88617186 88617166
网址:http://www.cqup.com.cn
邮箱:fxk@cqup.com.cn(营销中心)
全国新华书店经销
重庆市正前方彩色印刷有限公司印刷

*

开本:890mm×1168mm 1/32 印张:7.125 字数:177千 插页:32 开2 页
2019 年 12 月第 1 版 2019 年 12 月第 1 次印刷
ISBN 978-7-5689-1874-9 定价:42.00 元

封面设计:史英男　刘　骥
荒岛书店

gu⅄de
思想家和思想导读丛书

★表示已出版

思想家导读

导读齐泽克★ 导读德里达★

导读德勒兹★ 导读弗洛伊德（原书第2版）★

导读尼采★ 导读海德格尔（原书第2版）

导读阿尔都塞★ 导读鲍德里亚（原书第2版）★

导读利奥塔★ 导读阿多诺★

导读拉康★ 导读福柯★

导读波伏瓦★ 导读萨义德（原书第2版）

导读布朗肖★ 导读阿伦特★

导读葛兰西★ 导读巴特勒★

导读列维纳斯★ 导读巴赫金★

导读德曼★ 导读维利里奥★

导读萨特★ 导读利科

导读巴特★

思想家著作导读

导读尼采《悲剧的诞生》★ 导读德勒兹《差异与重复》

导读巴迪欧《存在与事件》 （亨利·萨默斯-霍尔 著）

导读德里达《书写与差异》 导读德勒兹与加塔利《什么是哲学?》★

导读德里达《语音与现象》 导读福柯《性史(第一卷):认知意志》★

导读德里达《论文文字学》★ 导读福柯《规训与惩罚》★

导读德勒兹与加塔利《千高原》★ 导读萨特《存在与虚无》

导读德勒兹《差异与重复》 导读维特根斯坦《逻辑哲学论》★

（乔·休斯 著） 导读维特根斯坦《哲学研究》

思想家关键词

福柯思想辞典★ 布迪厄:关键概念（原书第2版）★

巴迪欧:关键概念★ 福柯:关键概念★

德勒兹:关键概念（原书第2版）★ 阿伦特:关键概念★

阿多诺:关键概念★ 德里达:关键概念

哈贝马斯:关键概念★ 维特根斯坦:关键概念

朗西埃:关键概念★